Systematic Psychology: Prolegomena

西方心理学名著译丛

系统心理学：绪论

【美】爱德华·铁钦纳 著　李丹 译

图书在版编目(CIP)数据

系统心理学:绪论/(美)爱德华·铁钦纳著;李丹译. —北京:北京大学出版社,2011.10
(西方心理学名著译丛)
ISBN 978-7-301-19601-4

Ⅰ.①系…　Ⅱ.①爱…②李…　Ⅲ.①心理学—研究　Ⅳ.①B84

中国版本图书馆 CIP 数据核字(2011)第 200237 号

书　　　名:	系统心理学:绪论
著作责任者:	[美]爱德华·铁钦纳　著　李　丹　译
丛 书 策 划:	周雁翎　陈　静
丛 书 主 持:	陈　静
责 任 编 辑:	陈　静
标 准 书 号:	ISBN 978-7-301-19601-4/B·1013
出 版 发 行:	北京大学出版社
地　　　址:	北京市海淀区成府路 205 号　100871
网　　　址:	http://www.jycb.org　http://www.pup.cn
电 子 信 箱:	zyl@pup.pku.edu.cn
电　　　话:	邮购部 62752015　发行部 62750672　编辑部 62767346
	出版部 62754962
印 刷 者:	北京鑫海金澳胶印有限公司
经 销 者:	新华书店
	720 毫米×1020 毫米　16 开本　13.75 印张　140 千字
	2011 年 10 月第 1 版　2011 年 10 月第 1 次印刷
定　　　价:	30.00 元

未经许可,不得以任何方式复制或抄袭本书之部分或全部内容。
版权所有,侵权必究
举报电话: (010)62752024　电子信箱: fd@pup.pku.edu.cn

目　录

中文版译序 …………………………………………………（1）
导　言　布伦塔诺和冯特：经验和实验心理学 ……………（1）
第一章　科学 ………………………………………………（18）
第二章　心理学的定义：观点 ………………………………（64）
第三章　心理学的定义：题材 ………………………………（110）

中文版译序

铁钦纳(1867—1927)是一位代表德国心理学传统的美籍英国心理学家。他出生于英国南部一个没落的老式家庭,先是求学于莫尔文学院,后升入牛津大学布拉斯诺学院学习哲学和生理学,在那里受到英国经验主义和联想主义的影响。1890年,铁钦纳前往德国莱比锡,成为冯特的学生,在那儿结识了屈尔佩、墨伊曼、安吉尔等一大批心理学界的名家。1892年,他受聘美国康奈尔大学主持弗兰克·安吉尔一年前刚创设的该大学心理实验室的工作。从此以后,他毕生奉献给康奈尔,在那里整整生活了35年。

在康奈尔的35年中,铁钦纳为了使心理学在美国具有稳固的基础,翻译了一些重要的德文著作,如屈尔佩的《心理学大纲》、《哲学引论》,冯特的《人和动物》、《伦理学》以及《生理心理学》第五版的一部分。铁钦纳像他的老师冯特一样是一个多产的作者,发表的作品多达216部,其中主要的著作包括:《心理学大纲》(1896)、《心理学入门》(1898)、《心理学教科书》(1909—1910)等。他的巨著是4卷本的《实验心理学:实验纲要》,出版于1901—1905年间。在此书中,他表达了这样一种动机,那就是要将心理学建设成一门新科学,与物理学、生物学比肩而立。

铁钦纳的最后一部著作便是这本《系统心理学》,依其学生的说

法，这应该是一部堪与冯特的《生理心理学》相媲美的心理学巨著，但因铁钦纳于1927年病逝而未能完成，后由他的学生韦尔德将他在1921—1922年间发表的论文集结成完整的一卷，以《系统心理学：绪论》(1929)的书名刊印出版。在此书中，铁钦纳着重探讨了科学心理学的定义和题材问题，特别是对意动学派和机能学派等各派心理学家的观点作了介绍和评论，读者可以从中得到许多有益的启发。

铁钦纳是构造主义心理学的主要代表，他的理论体系和实验研究继承了冯特的心理学精粹。铁钦纳认为，一切科学的对象都是经验，物理学研究的对象是不依赖于个体的客观存在的经验，生物学研究的对象是依赖于物理环境的客观存在的经验，心理学研究的对象则是依赖于个体神经系统的客观存在的经验。铁钦纳这种关于心理学研究对象的看法和冯特所说的心理学研究直接经验、自然科学研究间接经验的看法并无本质的区别，只是在具体表述上，铁钦纳接受了阿芬那留斯的依存经验和独立经验说的影响。

铁钦纳主张心理学是"心灵的科学"，应该只研究心理内容自身，研究它的实际存在，无需讨论它的意义或功用。他之所以反对机能主义，就在于他认为机能主义只是心理技术，是心理学的应用，而不是心理学本身。机能心理学虽然有用，却必须建立在构造心理学的基础上。对他而言，心理学的研究对象是普通的正常人的心灵，动物、儿童、精神病患者都不是心理学的研究对象，心理学关心的是普遍的心灵，而不是特别的心灵。这样一种观点无疑使心理学的研究陷入过于狭隘的境地，也是后来的构造主义走下坡路的主要原因。铁钦纳认为，作为心灵科学的心理学有三重任务：首先，把意识经验分析为最简单的元素；其次，确定这些元素之间相互联系的规律；最后，详细描述心灵和神经系统之间的联系。

铁钦纳将大部分时间花在第一项工作上——确定构成心灵的要素。铁钦纳认为意识经验可以通过内省分析为三种基本的元素：感觉、意象和感情。感觉是知觉的基本元素，包括声音、光线、味道等经验，它们实际上是由当时环境的物理对象引起的。意象是观念的元素，可以在想象或在当时不存在的经验中找到，例如"望梅止渴"便是一种意象。感情是情绪的元素，表现在爱、恨、忧愁等经验中。在这一分析过程中，铁钦纳把自己对心理学的研究界定为"构造主义"。铁钦纳首次使用这一术语是在1898年发表的一篇论文中。在这篇论文里，他把"构造心理学"的假设与机能主义者——约翰·杜威和富兰克、安吉尔等人的研究相对照，这些机能心理学家反对人类经验的元素概念。

为了研究心灵的构造，铁钦纳意识到心理学必须做所有科学都要做的事情，那就是必须对它的题材进行描述，必须根据所观察的事实对心理过程进行直接的描述。铁钦纳认为大多数物理学的、常识的观察毫无价值，因为它们通常是不精确的，总存在所谓的"刺激错误"，它们是对物理事件本身的描述，而不是对由这些事件导致的心理经验的描述。例如，做两点阈限的实验，被试可以有两种观点：一种是心理学的观点，只注意感觉自身是一点或两点，不要由感觉去推测是什么东西的尖端在触碰皮肤；另一种是物理学或常识的观点，注意某种刺激物的一点或两点在触碰皮肤。前种观察是心理学所要研究的经验，而后种观察就是注意到了被观察的对象，误以刺激为感觉了。

铁钦纳的构造主义心理学旗下聚集着一批忠实的弟子,他们代表了这个学派的保守传统。铁钦纳在实验室中培养了众多的学生,在1894—1927年间共有58名学生从他那里取得了博士学位。其中,《实验心理学史》一书的作者——1928年美国心理学会主席波林称得上是最著名的学生。像冯特一样,铁钦纳限定他的学生应该研究的问题、应该使用的方法,确信他和他的学生在康奈尔实验室里进行的是"真正"的心理学研究。他们的研究与在美国发展起来的芝加哥机能主义心理学形成鲜明的对比,由此引发了构造主义和机能主义的一次又一次争论。争论的焦点主要集中在研究的对象、研究的方法、研究的功用等方面。两派之争直至铁钦纳逝世以后,方才慢慢平息下来。其原因在于:一方面,铁钦纳最坚持冯特的心理学传统,也最好辩;另一方面则因为1930年以后的芝加哥机能主义心理学在美国已为多数心理学家所接受,无须再为自己的合法地位而争论不休了。铁钦纳为之奋斗一生的构造主义由此走向没落。

铁钦纳在心理学史中的地位是非常重要的。他是心理学发展早期的一个重要人物,有时也被看做心理学的缔造者之一。他把心理学严格的实验研究手段带到美国,被人称为"美国经验心理学前辈"。铁钦纳对心理学主要有两大贡献,其一是他所著的《实验心理学》一书"帮助加速了作为心理训练组成部分的实验室的合法化,因此有助于加快心理学从哲学中独立出来的进程,有助于心理学发展成为如今这副模样"(Evans,1979)。其二是他在《美国心理学杂志》发展中所起的作用。这份杂志是霍尔(G. S. Hall)在1887年创刊的,并由他主编到1920年,铁钦纳从1895年到1920年担任杂志副主编,1921年接任主编,直到

1925年。铁钦纳本人在这份杂志上发表了大量的实证研究和理论报告、书评、对冯特著述的重新表述和翻译,以及有关心理学的评论和反思。此外,铁钦纳也在《科学》和《自然》等其他杂志上发表文章。

铁钦纳在他生命的最后十年里,变得日益退缩,既退出了大学生活,也退出了心理学界,他把大部分时间用于古钱币的收藏和研究,并成为这方面的专家。在他去世前几年,心理学正以他无法接受的方式变化着,机能主义和行为主义占据了主导地位,而它们都不是他的研究方向,铁钦纳决不相信它们是心理学。铁钦纳的心理学形成并定型于他和冯特在一起的两年时间里,他在美国生活了35年,但绝不是美国心理学的一分子,而一直是康奈尔大学的一位冯特主义者。正如凯勒(Fred. S. Keller)所说,铁钦纳是"出生在英国,具有德国人气质的美国居民"。

尽管铁钦纳的构造主义心理学体系没能继续发展,更新更具可塑性的心理学流派取代了它,但他在康奈尔实验室的研究,他的许许多多具有独到见解的论著,他把心理学传统引进美国所作出的种种努力,给心理学界的后人留下了不可磨灭的印象。

《系统心理学:绪论》中译本于2001年8月首次出版,而今已过去了整整十年。如今再度翻阅当时的译本,依然能回忆起翻译过程的艰辛。虽然该书只是铁钦纳未完成的鸿篇巨制的一篇绪论,一个开端,却洋洋洒洒地引述了无数的经典巨著,集聚了无数在心理学发展的初始阶段先哲们的思想、观念,乃至理论框架。如我这般愚钝的心理学小辈要完全领会文字中蕴涵的思想之奥妙、观念之新颖、理论之精巧,实属勉为其难。更为困难的是书中大量的脚注和掺杂其间的德文:脚注涉及许多心理学

史知识,德文则是我未曾学习的语言。于是只能借助字典,不断地翻阅心理学史论著,方才完成了全书的翻译和统校工作。

此次,北京大学出版社决定再度出版该书中译本,应出版社陈静女士的邀请,我很荣幸与该书又有了一次亲密的接触。重新审读之下,发现原译本的许多表达过于稚嫩,用词不够简洁,个别句子的翻译存在理解错误。该书的重新翻译,使我这个原译者获得一次改正错误的机会,对译文的字词重新推敲,删除了某些不必要的连接表达,尽可能使语句更加通俗易懂。翻译是一项需要深厚功力的工作,译者虽然已经尽力解读,仍有某些思想无法还原到作者原初的意念,只能留待未来的进一步领悟。由于译者才疏学浅,译本难免不尽妥当之处,还望学界同仁不吝指正。

李 丹

2011 年 5 月 4 日

导　言

布伦塔诺和冯特：经验和实验心理学[①]

§1. 布伦塔诺和冯特

　　1874年出版的两部著作对于现代心理学的发展有着无与伦比的作用。其作者布伦塔诺和冯特正处于人生的鼎盛时期，享有很高的声誉。作为研究者，他们对研究有着火一般的热情；作为教师，他们拥有影响年轻人心灵的卓越才能；他们又是能与策勒（Zeller）和赫尔姆霍茨（Helmholz）一类人物交锋的善辩者。然而，人们在他们之间既难以找到任何知识分子间亲密关系的迹象；也很难发现无论是在意向还是在结果方面所存在的较大分歧。由于他们所做的工作确定了心理学在科学中的地位，因

---

　　① 在《美国心理学杂志》1921年，第32卷中以这个题目发表，没有"导言"这个词，却有下面一段注："下面这些文字是对我的工程浩大的系统心理学第1卷的介绍，当我进行这些写作时，布伦塔诺和冯特仍然活着，布伦塔诺在1917年3月17日死于苏黎世，冯特在1920年8月31日死于莱比锡（Leipsic）。"

此心理学乐于承认受到他们俩的恩惠。虽然心理学学者们是双倍的受益,却仍需在布伦塔诺和冯特之间作出这一个或另一个的选择,没有中间的选择。①

弗朗兹·布伦塔诺最初是一名普通的神学研究者。1867年他发表了一份阐述中世纪教会哲学史的大纲,书中提出了著名的四个阶段学说,②文中的观点和他30年后发表的这篇文章同样鲜明而尖锐。然而,他的学术兴趣迟早要集中到亚里士多德(Aristotle)的哲学上,他通过对有关灵气(*the De Anima*)所做的深入细致的研究而接近了心理学,他采纳了亚里士多德的方法作为自己的科学研究方法。遗憾的是,我们只能拥有他的《心理学》第1卷,因为布伦塔诺似乎总是述而不作。但这一卷如同他已经发表的其他著作和文章一样,其本身是完整的,是他的成熟思想的完美表达。威廉·冯特原先是一位生理学家,致力于神经和肌肉的特殊现象的研究。1862年,他在感官知觉(sense-perception)理论方面的探索,奠定了"实验心理学"(这个

---

① F. 布伦塔诺,《经验观点的心理学》,1874年,第1卷[*Psychologic vom Empirischen Standpunkte*(以后引用为 PES)]。参看 F. 布伦塔诺的生平注释,《对与错的认识的起源》,1902年,119页以下(*The Origin of the knowledge of Right and Wrong*);M. 海因策(M. Heinze),《F. 于贝韦格斯的哲学史纲要》,1906年,第4卷,332页以下(*F. Ueberwegs Grandriss der Geschichteder Philosophie*);W. 冯特,《生理心理学原理》,1874年[*Grundzüge der Physiologischen Psychologie*(以后引用为 PP),1874]。冯特著作中的前10章在1873年发表,并被布伦塔诺所引用。冯特的科学写作的生平参见《美国心理学杂志》,第19卷(1908);参看海因策,作品引用,322页以下。

② J. A. 穆勒(J. A. Möhler),《基督教会发展史》,1867年,第2卷,539页;F. 布伦塔诺《哲学的四个阶段及其当前的状况》,1895年(*Die vier Phasen der Philosophie und ihr Augenblicklicher Stand*)。在三个大的哲学时期重复的四个阶段分别是科学的建构、误入歧途的科学兴趣、怀疑论和神秘论。

术语现在首次以印刷形式出现)①的基础。由于没有适当的准备,他就转向了对心灵的研究。因此他犯了一个错误,每一位理科生都能察觉到这个错误。这个错误就是:假定心理学不过是一门应用学科。这一错误在紧接着这本专著之后出版的一部有关人类和动物心理学的普及读物中又被重复。到了1874年,他已经明确放弃了这种关于心理学的早期概念,而把心理学看成是一门独立的科学,但仍然坚持心理学是通过神经系统的解剖学和生理学才走到这一步的。

通过对两位心理学家所研究的内容和方式的简单概括,我们可以看到,当一个人把他的"孤独沉思的时光"奉献给古代和中世纪的哲学时,另一个人在实验室里孜孜不倦地工作,为后来实验科学的诞生作出了贡献。他们两位都是哲学教授,其研究涉及哲学的各个不同方面。然而,如果我们据此认定他们所研究的心理学,即他们恰好在同一年里发表的心理学,仅仅代表他们哲学家生涯中的一段插曲,即使把它称作主要插曲,也是错误的。相反,对他们来说,心理学已经处于非常重要的地位,将支配着他们进一步的思考。30 年之后,冯特将完成他的多卷本著作,百科全书式的民族心理学(folk-psychology),布伦塔诺也决不会放弃以后的著书立说,或许将来会有一本发生心理学(genetic-psychology)作为他老年研究生涯的硕果。

---

① W.冯特,《对于感官知觉学说的贡献》,1862 年,第 6 页(*Beiträge zur Theorie der Sinneswahrnehmung*)。

§2. 相似性

如果我们首先注意到两个体系之间的相同点，那么我们就能较好地理解摆在我们面前的这种选择的实质。因为即使在1874年，心理学也没有糟到布伦塔诺和冯特总存有分歧的地步。他们都认为心理学在科学伙伴中处于重要的地位，逻辑意义上优先于自然科学。① 他们一致认为心理学可以取消物质的概念，而局限于对现象的解释。② 他们拒绝把无意识作为解释心理现象的一个原则。③ 他们用实质上相同的术语定义整个意识。④ 就这些一致性来说，尽管一致性大多是一种形式，尽管在对赫尔巴特（Herbart）的反应上，两者存在不少相反的观点，这些论述还是表明了他们的普遍观点。在本质方面两人也存在一致性，只是由于彼此侧重点不同，导致我们对作者认识上的差异。比如，我们发现布伦塔诺最终涉及心理学的一般方法时，尽力把内部的知觉与内在的观察区分开来；而冯特则把内在的观察看成理所当然的，详细描述的只是那些列入实验步骤的特定程序。⑤ 我们发现冯特花很多时间研究费希纳的心理物理学（Fechnerian psychophysics），把心理物理的规律看做是普遍的心理规律；而布伦塔诺只是偶尔从批评的角度提及费希纳的研

---

① PES,24 页以下、119 页等。
② PES,10 页以下；PP,9 页、12 页、20 页。
③ PES,133 页以下；PP,644 页、664 页、708 页等。
④ PES,204 页以下；PP,715 页以下、860 页以下。
⑤ PES,34 页以下；184 页；PP,1 页以下。

究工作。① 差异是惊人的,但在差异的背后存在的是有关心理学题材的一致性。甚至在这种极端的情况下,即一本书强调的正是另一本书所忽视的问题时,差异也并不一定意味着不一致。我们再次发现,有关人死了以后灵魂(mental life)是否继续"永存"(immortality)的问题,布伦塔诺将其视为心理学的基本问题和心理物理学的首要问题,而冯特却不置可否;相反,布伦塔诺也不探讨冯特看来是基本的注意(attention)问题。然而,冯特在他早期的论著中,已经接触过灵魂永存的问题,布伦塔诺也清楚地认识到注意问题的存在,虽然(如我们可能假设的)他已经把注意问题的讨论放在他的第2卷书中。②

所以在这两本书出版的当年就读过它们的心理学界人士,如果对作者的自然发展趋势作过留有余地的评价,那么就有理由对心理科学的未来抱有信心,我们这些清楚地看到他们之间差异的人,仍然希望主要的问题会在共同点上产生,可以在共同的立场上理解主要的问题,以短兵相接的方式来决一雌雄。

§3. 差 异

布伦塔诺给他的著作取名为"经验观点的心理学"(psychology from the empirical standpoint),冯特在著作的扉页写上"生理心理学"(physiological psychology),在著作的内容中却提议

---

① PP,421页;PES,9页、87页以下。
② PES,17页以下、32页、95页;冯特,《论人与动物的心灵》等,1863年,第2卷,436页、442页;参看1892年版476页的直接论述。布伦塔诺在PES91页、155页中认识到注意问题;参看263页和C.斯顿夫,《音乐心理学》,1883年,第1卷,68页;1890年,第2卷,279页。

用"实验心理学"(experimental psychology)。① 形容词并不能对我们有多大帮助,因为所有的实验心理学都是广义的经验,而狭义的经验心理学仍可能求助于实验。为了显示两本著作的真正区别,即贯穿全书的结构和内容上的区别,我们在这个部分需涉及一些既熟悉又清晰的术语。获得专业性术语和定义的时候尚未到来。我们可能会说,作为最初的相似之处,布伦塔诺的心理学基本上是思辨性的,冯特的心理学基本上是描述性的。

布伦塔诺在最后讨论方法问题时,谈到赞成亚里士多德所运用的赞成(aporiae)、疑问(difficulties)和反对(objections)的方法,人们可以从不同的角度看一个主体,在意见与意见之间,论据与论据之间进行权衡,直到通过方方面面的比较得出一个合情合理的结论。② 一般说来,这就是他自己的工作方式。他极少而且只在一般术语上求助于观察的事实。他的做法就是找出其他心理学家所说的话,对他们的观点进行严密周全的研究,这样通过筛选的过程,最后展现在读者面前的就是明确的主张。此时这一基础工作已经明确了布伦塔诺的信条,虽然它可能是新奇的,表面看来又是必然的事实。我们以为已经充分考虑到这种情况下的各个可能性,得出了一个理性的结论。如果出于良心上的考虑,继续推断和检验,我们事先仍然确信在这个体系中每一件事都会互相配合得很好。极少数的观点可能需要扩

---

① PP,3页。
② PES,96页;参看 J. S. 穆勒(J. S. Mill),"格罗特的亚里士多德"(Grote's Aristotle),《双周评论》,(*Fortnightly Rev.*, *N. S.*),1873年,第13卷,48页以下。布伦塔诺早年已经注意到汤姆斯·阿奎那斯(Thomas Aquinas)对"赞成"(aporiae)的使用,见 J. A. 默勒(J. A. Möhler),《基督教会发展史》(*Kirchengeschichte*),1867年,第2卷,555页。

展,甚至要按照进一步的赞成进行修改,但整个说明还是给人们留下了深刻的印象。① 因此,许多学者根据作者的写作目的判断他是成功的,不是布伦塔诺的心理学,也不是一个民族的心理学,而是心理学,这是不足为奇的。②

相反,冯特的著作产生于观察的事实、解剖的事实、生理的事实、心理物理和心理实验的结果。它的导言简短到近乎草率,印刷精美的段落里充塞着对心理学理论的批评,而所有的意图(intention)与目的(purposes)是一系列的附录。书中确实存在大量的值得争论之处,在某些缺少事实的地方,不仅进行大量的解释,而且用假设来弥补事实之不足。也许第一位生理学家即使弄错了感官知觉的问题,人们还是会认为他具有较好的思维方式。总之,实验心理学这门新学科必须对它的姐姐们摆出无

---

① 我只知道布伦塔诺曾对他的心理学做了三处修改:(1)在 PES 第 292 页中宣称作为判断强度的确信程度与爱和恨的强度水平相类似(参看 203 页);在 1902 年《对与错的认识起源》(1889)第 52 页的注释中否认了这种类比。(2)在 PES 第 202 页中,感情被看做总是与观念相伴随的;相反,信念是由于对内在知觉的记忆的错误偏爱造成的(44);但在《感官心理学研究》(*Untersuchungen zur Sinnespsychologie*)中两种较高级的感觉意动本质上并不是情绪的。(3)在 PES 115 页中,一心理现象所指向的客体并不被理解为一种事实;但附加到重印部分《心理现象的分类》(*Von de- Klassifikation der psychischen Phänomene*,1911 年,149 页)的注释主张"只有完全符合真实情况的一致的理解,才能为心理关系提供客体,而其他东西是无法提供的"。无疑,这本书如果重写的话,将会有许多其他要修改的细节,如果写第 2 卷,还有其他事情要做;在《分类》中观念方法的讨论表明布伦塔诺在 1874 年还未想出他的第 3 卷书的内容。不过,大体上,1874 年的学说已经受了布伦塔诺自己不断的思考和外界批评的考验。

这样一种成就是值得所有人赞美的。只是我们必须补充一句——我们对布伦塔诺的那些论述——甚至孤立的变化感到非常困惑。第一条陈述如此平静自信,后来的变化又是如此地大胆!

[布伦塔诺对他的心理学所做的其他一些修改,由发表于 1924 年和 1925 年的两卷新版 PES 的编辑,O. 克劳斯(O. Kraus)进行了注释。见《美国心理学杂志》,1925 年,第 36 卷,303 页,作者对这两卷中的第一卷的评价]。

② PES,6 页。

畏的样子。① 争论总是次要的,或者说是暂时性的,这本书作为一个整体给人留下不完整的印象,是可以进一步改进的初稿,改进需要以完成更多的工作(以及提出大量进一步工作的建议)②为基础。因此,这不是意外,而是直接反映了进行此项研究工作的作者的思想,布伦塔诺的著作仍然保持老样子,而冯特1874年出版的书已经发展到将近最初规模的3倍,一共出了6版。③

当然,这种思辨和描述的显著区别,意味着对心理学本身态度的根本区别。它意味着不管布伦塔诺和冯特在形式上和在实质上如何一致,他们却是以不同的方式进行心理学研究的。因此,下一步就是要置身于这些体系内,在我们对细节知之甚少的情况下,去了解他们,看看他们倾向于把心理学看做是什么样的学科。我们必须作出选择:接下去的这些例证将显示具体内容上的不同选择。

§4. 1874年布伦塔诺的心理学

布伦塔诺把心理学定义为心理现象的科学。这个术语可能极易使人误解,因为该现象与静态的外观相去甚远。它们一般是活动的,在个体身上表现为意动(acts),因此,严格说来只能用一个活动的动词来命名它们。它们可被分成三种类型:观念

---

① PP,导言。
② PP,284、373、399,等等。
③ 见PP.的连续版本的序言。如我在别的地方(《心理学评论》,1917年,第14卷,52页以下)所表明的,甚至第六版还没达到系统的完成,冯特在第五版才明确提出进行系统化的工作任务。

的意动(如看、听、想象等活动),判断的意动(如认识、拒绝、知觉、回忆等活动),以及爱恶意动(感情、愿望、决断、意志、欲望等活动)。如果愿意,我们可以使用独立存在的实体(substantives)这一词,也可以谈及感觉和观念,记忆和想象,意见,怀疑,判断,喜悦和悲伤,欲望和厌恶,意向和结果;但我们必须牢记心理现象是能动的,是一种感觉,是一种怀疑,是一次回忆,或是一个愿望。

事实上,绝不可能存在无内容的意动。当我们形成观念时,我们在感觉或想象某些事物;当我们判断时,我们在知觉某些事物,认识某些事物,回忆某些事物;当我们爱或恨时,我们对某些事物感兴趣,期望或拒绝某些事物。然而,准确说来,这是心理和物理现象之间的区别。后者是单调的、呆滞的:我看到的颜色、图像或景色,我听到的弦乐,我感觉到的温暖、寒冷或气味,我想象到的喜爱的物体,我们都是依据它们外表显示出来的样子来描述所有这些事物的。它们的外表便是对它们的一种总结,便是详尽的描述;它们没有参照物,不会把我们带到它们之外。另一方面,心理现象的特性,准确说来,与内容有关,牵涉到某个客体;它们有意地包含一个客体于其内。由于它们是意动的,这种内在客观性的特征使它们独一无二地与包含着自己的物理现象区分开来。甚至在心理现象的内容不是物理的,而是另一种心理现象的情况下,区别亦是明显的。因为改变内容或意动客体,并不因此剥夺心理现象的本质特征,心理现象仍然有自己活动的权力,因此它并不会与不加掩饰的物理现象混淆起来。①

　　这些是布伦塔诺有关心理学题材的观点。他开始先考虑物理和心理之间的区别,找到心理的适当的差异后,就可以依据它涉及的本质来定义心理学。然后他考察了迄今为止对心理现象进行的主要分类,提出了自己的分类。在他的分类中,判断是单独列出来的,情感和意志各自分类。在整个讨论过程中,他主要依靠的是思辨。确实,他取得了内在知觉的证据,但内在的知觉并不是观察,而是一种自我证实(self-evident)的认知或判断。如此说来,如果我们可以用这个短语,其本质与思辨是一样的。②布伦塔诺认为只有回忆起过去的意动时,才有可能进行心理的观察;而且确实如他所承认的,甚至实验一类的事也是有可能的。然而,不仅记忆易产生严重的错觉,而且记忆的意动也再一次归入判断的范畴,以致实验本身在思辨的世界里产生。③ 因此,经验心理学运用同样的心理活动来确立其题材的属性,探讨不同的心理学主张。

§5. 1874年冯特的心理学

　　对于冯特来说,心理学是生命科学的一部分。我们可以从外部来观察生命过程,于是我们有了生理学的题材,我们还可以从内部来观察生命过程,于是我们有了心理学的题材。④ 这些题

---

　　① PES,23页、101页以下、256页以下,等等,作为一种说明性规定的自然科学问题,见127页以下。
　　② PES,35页以下、181页以下(小结202页)、262页。参看《分类》,1911年,129页。
　　③ PES,42页以下、162页、262页;《分类》,130页。
　　④ PP,1页以下。

材的内容总是很复杂的,实验心理学的任务就是把这些题材分解成"基本的心理过程"。如果我们了解了这些组成成分,就可以把它们与最终的复合物进行比较。我们希望理解整合(integration)的本质,根据冯特的观点。整合就是意识的可区分的特征。①

最后,内在生命过程的分析给我们带来纯粹的感觉(puresensation),这种感觉最初是由强度和性质构成的。感觉不带参照物,它们既不朝前看也不往后瞧。它们不告诉我们刺激是来自外部还是来自内部器官,兴奋点是在边缘还是在中央,它们也不预测那些对它们进行综合的观念,它们只是在性质和强度上自然地发展,发展到可观察可描述的地步。② 观念最初是由这些感觉构成的,然而观念的里里外外显示不出它们是想象的观念或是知觉的观念。③ 从心理学角度,个体的观念与它们的感觉组成成分中特有的一般观念不同:前者是感觉的复合,是常数,后者是变量。④ 观念毕竟不是"心理的形成"(psychical formation)。如果我们以心理学的观点去推断它们,我们只能发现它们在意识、口语和书面语中伴随着含糊的不确定情感的替代物。⑤ 同样,判断属于逻辑,基本不属于心理学;逻辑和心理学之所以接近,是由于它们长期连续的平行发展的结果,是由于理性的思考和语言表达的结果;我们的"有意识的心理过程"最初不

---

① PP,5页、20页、717页。
② 当各种感觉彼此相互作用时,就加入了心境或感情(affective tone or sensory feeling)这第三种因素。然而强度和性质是"更原始的"组成成分。
③ PP,464页。
④ PP,468页。
⑤ PP,672页。

过是由观念和观念的联结组成的。①

所有这些分析的倾向是很明了的:冯特尝试描述心灵,显示构成心灵的要素,把它分解为最小的项目。但当他从分析转向综合时,这种解释就难以继续下去。通过"心理的综合"(psychical synthesis)把感觉并入观念,冯特在此把"心理的综合"与化学合成相对照,评论家则把它比作穆勒(Mill)的"心理化学"(mental chemistry)。② 观念通过"第二次意动"(secondary act)获得它们的客观参照物,从心理学上分析,"第二次意动"似乎由更多的观念构成,③而后客观的参照物本身靠近心理学的目标。我们把直觉的概念和形式看做进一步思考的"假设",④似乎逻辑的心灵和实际的心灵必然蕴含在假定或现象中,似乎心理学家用不着破坏科学的连续性就可以从一个方面转移到另一方面。尽管我们可能被上面的描述所迷惑,然而一般情境中并不存在含糊不清的东西。冯特像他同时代的其他许多人一样,被进化论原理中的大量承诺所迷惑。⑤ 对他来说是"原始的"(original)东西,对斯宾塞(spencer)来说或多或少是"新生的"(nascent);后来者必然源自早期的人,因为那是事物的发展规律,后来者没有其他的基础。同理,冯特的主要成果都是描述性的,只有当某

---

① PP,709 页以下。
② PP,484 页;J.S. 穆勒,《一个逻辑的体系》(*A System of Logic*),1843 年,第 6 篇,第 4 章(1856 年,第 2 卷,429 页);《对威廉·汉密尔顿先生的哲学的检验》(*An Examination of Sir William Hamilton's Philosophy*)1865 年,286 页;在 J. 穆勒《人类心灵现象的分析》(*Analysis of the Phenomena of the Human Mind*),1869 年,第 1 卷,106 页以下的注释。原始材料是 D. 哈特利(D. Hartley)《对人的观察》(*Observations on Man*),1810 年,第 1 卷,77 页。
③ PP,465 页。
④ PP,672 页、680 页。
⑤ PP,vi。

些传统题材的心理学术语难以描述时,他才转而依靠"发生的解释"(genetic explanation)。

因此那是冯特的一种体系。然而,就连描述心理学也不能单凭感觉和它们的心理整合的模式与水平来描写。因为冯特提醒我们,意识领域并不是一片光明,其中心呈现一小块明亮区域,周围则是比较暗淡的区域。处于不同区域的观念有着不同的意识状态,因而就提出了注意的问题。冯特在各个不同的上下文关系中搜检出描述片断,似乎它是"他的关心之所在",他把注意描述为观念的清晰性以及努力或竭尽全力的独特情感。[1]它有两个具体的表现形式,统觉(apperception)和随意行为(voluntary action)。当我们在考虑观念的内部过程时,我们所言及的便是统觉;当我们在考虑外部活动的情绪问题时,我们涉及的便是随意行为。[2] 注意过程的两种形式是有条件的,两者都与大脑皮层的生理过程密切相关,因此它们处于科学心理学的范围内。[3] 然而心理学家却忽视了它们,因而在不完善的心理学和站不住脚的哲学中受到这种忽视的惩罚。[4]

在此我们不必进一步探讨注意说,我们也不必争论冯特关于实验心理学任务的正式声明中是否包括了注意问题。然而作为两个体系互相交错的一个例证,我们可以来看看他关于观念联想的论述。如我们所预期的那样,他以整合的方式开始,在此前提下声称,在空间和时间上联结的相似性与频率的规律即使作为经验的概括也是不完善的。我们确实发现,两种联想形式

---

[1] PP,717页以下,特别是724页。
[2] PP,813页、835页。
[3] PP,720页、723页、834页。
[4] PP,792页、831页以下。

在自由发挥想象力以及反映的思想方面都不同。但频率联想比相似联想更广泛,相似联想中交叉的相似性可能存在于有关观念的任何一种感觉构成要素中,特别是存在于他们的感情状态中,而其他一些东西则只是一种习惯的成分。因此,冯特提议分别把它们称为"关系的联想"(association by relationship)和"习惯的联想"(association by habituation)。他坚持认为这种新的名称并非无关紧要的,因为它们比旧的名称更能对自我观察的事实作出完整判断,也向我们指出中枢神经产生联想的实质条件。①

分析和综合方面现在有了长进,但还不够。因为观念不会自动联想,把联想看成自己的行为方式;相反,联想律处在注意的绝对控制之下。因为实验的介入,现在产生了一系列特殊的问题,而经验心理学采用单一的调查方式,必然看不到这些问题。受它们的启发,我们超越联想主义得到一个"观念的过程和联结"的更为忠实的副本。② 在我们的意志心理学中,我们以同样的方式避免进入非决定论(indeterminism)的哲学死胡同(impasse)中。③

这些段落简要概括了1874年的冯特的学说。他并没有赋予心理学一个不同的题材,生理学和心理学之间的区别只是存在于我们的观念中。冯特已经出版了生理学方面的综合性著作,现在他带着他的知识和方法转向了心理学。他确信只有与外部生活过程密切地联系在一起,那些内在的生命过程才能得

---

① PP,788页以下。
② PP,793页;参看第19章前面部分。
③ PP,837页。

以更好地阐明，而当我们把外部观察的工具——生理学的步骤用于心理时，内在观察的结果才是最真实的。他没花多少时间预备，却尽可能快地触及事实；当事实很少或没有时，他通过自己的观察来补充、来提供。他最初的目标如同生理学家描述活体现象那样来描述心灵现象，记录他在观察中所了解的现象，说明他对观念、概念、注意和联想的处理，仍然存在不少思辨的余地。我们必须承认，思辨经常受到先前的思维习惯、心理学的传统、使事物逻辑上趋于完善的倾向、进化论原理中有些朴实的信念的影响。除了次要的问题外，思辨根本不能使读者铭记任何东西；因为冯特既过于教条又过于灵活，以至于无法理清他的观点。对进一步事实的需求以及思辨的补缀特点都提出：在他的指导下，心理学仍有一段漫长的系统化的道路要走。

§6. 选　择

我们研究这两种心理学，结果发现，布伦塔诺回顾过去，以同情的态度去清除过去的错误，接受那些经受得住他的批评检验的事实，把新旧知识重组成一个有意义的体系，这一体系实质上将与心理学研究的历史一样长久。冯特在意识到他对过去负债之后，便对过去感到厌恶，从而投入到五花八门的、具体的实验室工作中，建立了百科全书式的心理学体系，这一体系还要不断地进行修改。这两部著作究竟哪一部把握了心理科学的关键呢？

布伦塔诺拥有伴随历史连贯性而来的所有优势。他的内在客观性学说可以追溯到亚里士多德和斯库尔曼（Schoolmen），把

心理意动分为观念、判断以及爱与恶的现象这几类,可以回溯到笛卡儿(Descarts)。① 除此之外,他可以宣称每一位心理学家都有亲缘关系,无论何种学派,其所研究的课题,从严格意义上说,都是"经验"的观点。因为"经验心理学家"意味着他把自己发现的东西都放在心上。像世界上其余那些非心理学家一样,他在使用中发现这些东西。他是在与自然和其他人类伙伴积极主动的相互作用中发现它的。术语可能改变,分类可能不同,但分类的项目总是能动的,所用到的术语——才能(faculties)、能力(capacities)、力量(power)、作用(operations)、功能(functions)、意动(acts)、状态(states)——都属于同样的逻辑范畴。布伦塔诺虽然是一个革新派,却还是在真正的心理学界取得了应有的地位。②

　　为了抵消这种优势,为自己与传统的隔绝辩护,冯特对一种实验的方法作出了许诺。他明白,科学与技术——生理学与医学,物理学与工程学——都要运用实验。我们在探讨他的著述

---

① PES,115 页;《对与错的认识的起源》,47 页。
② 不论§3和§6标题下面的评论如何,在这篇有关心理问题的导言性文章中,如果没有记录布伦塔诺对实验的兴趣,对他似乎是不公平的。我们注意到早在 1874 年以前他就极力主张在维也纳(Vienna)建立一间心理实验室[《论哲学的未来》(Ueber die Zukunft der Philosophie),1893 年,47 页];他已经发表了《感官心理学研究》(Untersuchungen zur Sinnespsychologie,1907 年),特别是他使心理学家注意到穆勒—莱伊尔错觉(Müller-Lyer illusion)(《感官心理学和生理学杂志》,1892 年,第 3 卷,349 页);他的学生斯顿夫已经奉献给我们实验的《音乐心理学》。然而所有这些并不能阻止他成为一名狭义的"经验的"心理学家。斯顿夫告诉我们他自己的工作是"描述由音调而开始活动的心理功能"《音乐心理学》,1883 年,第 1 卷,5 页),后来又宣称"不会有音调的心理学,只有音调知觉、音调判断和音调感情的心理学"[《论科学分类》(Zur Einteilung der Wissenschaften),1907 年,30 页]。布伦塔诺即使有一间实验室,也不是冯特意义上的"实验"心理学家。此外,我们对布伦塔诺系统的纲要也了解一些,经验心理学并未包括在内;它由"描述"心理学补充和取代,其部分内容出现在《对与错的认识的起源》(处理爱和恶的现象,以及判断问题)和《感官心理学研究》(感官—知觉)中。紧接着的就是"解释"或"发生"心理学,其中的一个样例出现在《论天才》(Das Genie)中。

时也谈到,他的实际目标是把心理学转变为一门严格意义上的实验科学,一门能与实验生理学并驾齐驱的科学。① 显然他看不到这一目标包含的所有一切,他的早期读者如果把他的工作看成是以解剖学和生理学为开端,点缀着心理物理实验的经验心理学,可能也会受到谅解,因为他的著述中包含着大量的经验心理学。但如果我们深入文字背后,了解其内在的精神;如果我们探索冯特对待各种熟悉的题目的一般动机,如果我们回过头去思索(19世纪)70年代的科学氛围,尝试在那种氛围中提出对我们的现代眼光来说显得特别尖锐和清晰的目标,那么生理心理学的真正意义就不会被误解。它运用科学的语言、严谨的语句告诉我们心理科学的真正含义。

但布伦塔诺也在谈及一门心理学的"科学",两位作者谁是对的呢?

----

① 用民族—心理学取代更为复杂的心理过程研究中的实验出现在第4版中(PP,1893年,第1卷,5页);有关心理物理平行论在第5版中保留了下来(PP,1903年,第3卷,775页以下)。

第 一 章

科　　学

§1. 定义问题

为了对普通大众进行有关科学的启蒙教育，那些用第二手资料进行写作的人们，往往喜欢描述物质上的成果和对自然界的控制，他们把这些事情摆在很高的位置上，与周围人们单纯、谦逊而无私的生活相对立。而另一些人则给我们讲述从科学领域内部看到的科学研究工作，他们喜欢强调科学研究需要艰苦不懈的努力，并强调对成功不应抱太高的期望。[①] 科学究竟是什么，对此我们所知甚少。从没有进入科学领域内部的通俗作者，

[①] "这个世界上不知有多少曾经在科学研究者头脑中形成的想法和理论被他们自己严格的批评和反向的检验悄悄地驳倒。即使在最成功的例子中，只有不到十分之一的建议、希望、意图、初步的结论得以实验。"法拉第(M. Faraday)《化学和物理实验研究》(*Experimental Research of Chemistry and Physics*)，1959 年，486 页；《现代生活需要的文明》(*The Culture Demanded by Modern Life*)，尤曼斯(E. L. Youmans)，1867 年，216 页。

根本不了解科学是什么,而科学家则忙于某种专项课题研究,缺乏闲暇和爱好,也可能是缺乏有关方面的训练,难以将其思想整理得井然有序。人们期望哲学家能知道科学是什么,但哲学家是在另外的学校中培养起来的,他们无法克服先入为主的观念,即认为科学是褊狭而不完善的哲学。如果天外来客惊奇地用马克斯威尔(Maxwell)的短语向我们询问:科学家的"特殊使命"(particular go)是什么? 作为一名科学家,他的所作所为是什么? 有关科学研究成果的书籍与非科学类书籍有怎样的区别? 他就会发现我们并没有现成答案,我们只能给他一些解释性与参考性的个人感觉,但我们中的大多数人将被迫承认,我们还没有彻底思考这一问题,他必须自己去解决。

当然并不是由于我们缺乏资料。我们拥有大量齐全的科学文献、专门的科学史,以及科学巨匠的传记。我们拥有相当数量的第二手资料:科学的基本原理以及科学入门。我们还拥有科学家在一些纪念庆典场合或公开演说时发表的言论,这些言论富有启发性,显示了一个重要的问题是怎样耗尽一个人毕生精力的。[①] 所有这些资料都很有价值,尽管最常见的思想混乱和运用上的漫不经心表明它们并不是很明确的,但只要我们把它们联系起来,并适当地考虑科学家的禀性和专业即可。甚至在个体研究范围很狭窄的情况下,把这些资料集中在一起,它们也应该是足够了。的确,如果在一个自称为科学的时代,我们不能明确地通过直接努力发现科学的本质是什么,这是很奇怪的。

---

① 参看凯尔文(Keluin)对失败的承认以及他的传记作家的评论;汤普森(S. P. Thompson),《威廉·汤姆森的一生》(*The Life of William Thomson*),1904 年,第 2 卷,984 页、1012 页以下(尤其是 1084 页)。

我们自身的兴趣在心理学上。目前我们尽最大努力地形成科学概念的框架，并用此概念检验这个大杂烩——在当今流行的科学心理学。我们目前的努力成果是靠这样的事实来保证的：当综合科学把"物质"和"生命"的科学用于"心理"科学时，综合科学工作就会彻底无望地被击垮。但是只要在这个智力多样化的世界上存在着统一，那么心理学与物理学、生物学就应具有同样的地位。尽管存在亚里士多德（Aristotle）这样的权威，但不是权威把科学置于此地位；尽管科学是人们对死亡以后生存的渴望，但也不是人们这种急切的渴望把它置于此地位。只有科学本身才能给科学戴上桂冠：如果心理学能在科学史上占一席之地，那一定是因为心理学的事实与规律与已有的科学的事实与规律协调一致，并具有互换性。如果我们正确地理解了这一要求，如果我们要深入探究感性认识；那么我们就必须知道，已有的科学通常所拥有的东西，就必须把科学概念贯彻到思维领域。

我们不必费尽心思获取一个合乎逻辑的定义。科学这一事物太复杂，以至不能用一个简单的公式来表达。概念是比较严谨的词语，只有一个科学的工作概念就足够了。

§2. 科学禀性

一条常见的秩序法规定，无论在何种情况下，我们的进展程序都只能是由简单到复杂。因此，我们可以确信，已迈出的每一步都是以清晰的思索为基础前进的一步，在这一步背后，不存在对事实的疏忽和含混的争论。在目前的研究中，我们应遵循这一法则。因此,我们可暂时把科学思想作为现代文明中的一个重要的常规因素放在一边,把注意力集中在科学家身上。换句话说,我们选择从事科学工作的人身上所显露的科学禀性、态度或思想框架作为我们的出发点。首先,我们要了解科学禀性(the scientific temper)、科学态度,这样我们才能划清科学与非科学的界限。

我们在工作中使用否定性词语确实比肯定性词语更容易。人们普遍认为,最能把科学态度与非科学态度区分开来的形容词是"无私的"(disinterested)和"非个人化的"(impersonal)。如果有必要为此寻找证据,心理学家自然引用詹姆斯(James)《信仰的意志》(*The Will to Believe*)中的一段名言:"人们面对物理科学的宏伟大厦,看到它是如何建立的;有多少无私的、善辩是非的生命被埋葬而成为其基石;多少耐心与等待、多少对自己的抑制、多少对冷漠的外在事实规律的屈从被埋入它的基石、灰泥之中;它站立着,那么威风凛凛、彻底地非个人化——这时,那些自在地吐着烟圈、假装没有个人梦想的渺小的伤感主义者显得多么昏庸而卑劣啊!"①但是,没有必要罗列证据,我们随处可见'无私的惊讶'和"非个人化的对真理的爱"。

更不为人知的是,这些否定性形容词非常有意义。如果我们使用肯定性术语代替这些否定性术语,不久就会发现,这一任务是不可能完成的。不存在精确的等同。如果我们看一下典型的科学家的肯定性品质——真诚、头脑灵活、勇敢、谦逊、耐心、专心致志、细心、精确、视角清晰——我们就会发现,无论是单个

---

① 詹姆斯(W. James),《信仰的意志》(*The Will to Believe*),1897 年,7 页。

的或者是联合的,它们都不足以把科学禀性区分开来。实际上,就特殊意义而言,只有通过其否定含义,我们才能使这些词汇起作用。法拉第提醒我们要谨慎时说到:"对结论悬而不决,可能会令人厌恶,使人极度疲惫。"多数人是匆匆作出他们的结论的。① 当赫胥黎(Huxley)提醒我们要谦逊时,提到:"要准备放弃任何成见。"②同样还是赫胥黎宣称:"严格地讲,所有精确的知识都是科学。"他又迅速地补充:"没有哪一个人能把最普通的事物描述得近于精确。"③仅仅是与一个更常见的相反的态度相对而言,肯定性品质可以显示出科学态度的特征。

  因此,我们可以清楚地看到,从一开始,科学的思维习惯就是非同寻常的,我们甚至可以称之为非自然的或反常的(只要我们愿冒被人指责为夸张的危险)。我们可以因此而避开许多错误。举其中一个例子:通常人们误以为科学可以从实践中演化而来,"从工作经验中获得"。④ 确实,许多迹象表明,科学源于有较大影响的实践环境,正如今天的科学家生活在这种环境中一样。持异议的科学态度很稀少,不如实际工作中的正统观念历史悠久,但如果有组织的实践先于理论是事实的话,我们就能确信,只是在某些行会成员出现了理智的反抗行为,并直接反对其知识的职业限制时,科学才会出现。因为,如果不是人们的行为

---

  ① 法拉第,《实验研究》(Experiment Research)等,465 页、483 页。《现代生活需要的文明》,189 页、213 页。
  ② 赫胥黎,《托马斯·亨利·赫胥黎的生平和信件》(Life and Letters of Thomas Henry Huxley),1900 年,第 1 卷,235 页。
  ③ 赫胥黎,《科学入门:导言》(Science Primers: Introductory),1880 年,16 页。
  ④ 汤姆森,《科学入门》(Induction to Science),1911 年,229 页。马赫(E. Mach)在《热学原理》(Die Principien der Wärmelehre)(1896 年,365 页以下)中已试图认真地探索科学的起源。即使它还是不尽如人意的,不管怎样,也已经远离了通常不严肃的进化主义。

变得"无私"且"非个人化",就不存在科学。否定性恰恰是其本性。

§3. 科学家

科学家和他同时代的大部分人不一样,他不太关心人们平常关心的事情。如果他是哥白尼(Copernicus),他就不会崇尚古代;他放弃享受由于同伴的尊重带来的乐趣,也不会考虑教会的尊严。如果他是牛顿(Newton),他就不会渴慕名声,不会公开自己的发现,害怕谈及私事。如果他是赫胥黎,他就会祈求,"只要做了,就不必关心人们是否认为我做了工作。"① 但是,哥白尼、牛顿这样的科学家,谁会怀疑不是他(赫胥黎)做的呢?否定词只讲出了其中的一部分。毫无疑问,科学禀性还有肯定性的东西,还有用于补偿和替代被遗弃物的东西。我们必须努力弄清这些东西。

我们的两个形容词所形容的态度通常被认为是一种情感倾向,一种"好奇"、"对真理的爱"、"对事实的感情"。一眼看上去,这些短语好像是矛盾的:无私与特殊的兴趣配成对,非个人化与个人偏好结成双。其实,它们并不矛盾。因为,"无私的"并不意味着"毫无兴趣的"(uninterested),"非个人化的"也不意味着"冷酷无情的"(unfeeling)。科学家与其他任何人一样都有强烈的情感。虽然如此,如果我们要真正理解科学禀性,我们就必须探究感情背后的有机体意向。

---

① 赫胥黎,作品引用,162 页。

因为从肯定的一面看，科学家的特征便是，本能地决定投身于他的研究主题中，专心致志于该主题，融入其中。我们知道，有些人为了献身于对野蛮人生活的研究，毅然放弃文明人的生活习惯，跟野蛮人一样生活多年，成为他们所研究部落的骨肉兄弟。就这样，科学家不为日常生活之乐趣所扰，他们凭着本能的禀性投身于特殊的研究目标。背负地球和地球上全人类兴趣的哥白尼，变成了太阳，并从太阳的角度审视天堂。同样，牛顿变成了月亮，并且，如同月亮照向地球，他确实变成所有物质的主体，投身于万有引力的一般定律。如果这种语言似乎过于夸张，我们不妨谦逊一点，科学家从其研究对象中清除了一切优先赋予的意义和解释；他们从研究对象的角度，从研究对象的本来面目去考虑研究对象。从这种意义上讲，科学资料是毫无意义的，意义已被清除，剩下的只有存在。事实上，它们很快又获得一种新的意义，科学的意义。精确地说，这种意义已非原先的意义，这种意义是自然的模型，是存在的习惯方式。如果科学是一种好奇，那么，这是一种穿透解释之表层，直抵其单纯存在的好奇；如果科学是对真理的爱，那么真理是物体及其同类的面貌，是把自己投身其中的人们的面貌，而科学则努力探究这一面貌；如果科学是对事实的爱好，那么事实就是一个清除了信念、推断和所有这类评价的世界的物质，而科学的存在便是为了探索这一世界。科学家的本能趋向是朝向现实的本质，此时，宇宙意义、艺术价值、社会效能、个人推断之类的用途和意图不复存在。他只肯定地对事物是"什么"加以反应，而不肯进一步对兴趣和欣赏的需求作出反应。

所有这一切都已多次提到，每一种陈述都可以通过字面上或是内涵上引用加以证明,但正如人们难以认识到"无私的"和"非个人化的"内在否定性,人们也难以认识到,在肯定意义上,科学资料便是我们所称呼的存在之物。非常可悲的是,在心理学中,这种迟钝的现象尤为普遍。例如,赫胥黎认为心理学研究者的首要工作是清除自己的各种先入为主的看法,"根据观察所得形成心理映象"。但他既没有提到,也没有看到,这样所得到的心理映象必须与一般科学资料性质一致;并且,如果心理学想成为一门科学,它必须处理有关存在的题材。① 实践胜于口头教诲。其原因之一是,出于真诚而采纳的口头教诲并非总能给头脑清晰地提供实践所能给我们带来的东西。

  为了我们自己,如果要用一个词总结科学禀性的肯定性特点,我们难以发现比"遵循"(observance)更好的术语。尽管这一词语并不太妥帖,它仍然暗示了对事实的尊敬和赞同,以及对事实的沉迷,这是我们所看到的科学家的特点。它亦显示出,我们上文提到的矛盾只是表面上的而非事实。因为,尽管遵循是完全无私的,但吸引了我们的全部兴趣;尽管遵循是完全非个人化的,但吸引人们全身心的投入。因此,科学家的"特殊使命"是对人类经验世界无私地、非个人化地遵循。他是自然的仆人,把解释留给那些不同爱好的人。

---

① 赫胥黎,《休谟》(Hume),1881年,62页。比较这一陈述(51页):"无论置生理学于何种地位,都应该给心理学以同样的称号。"以及目录(71页)"意识的基本状态。"希尔(A. Hill)认为,"科学不能穿透意识的世界",但同时他又把感官看做"心灵的代理人",告诉我们,"思维忽视了视觉形象的错误",并问道,"作为属于外部世界的事物的性质",各种感官给了我们什么"信息"?[《科学入门》(Introduction to Science),1900年,14页、28页以下]这是再明显不过的混乱,尽管我们必须公正地说,如此之糟的混乱是由专业心理学家造成的。

§4. 分 类

现在我们必须从科学家转向他所研究的事实领域,我们必须根据科学家经探究所辨认的客观存在的结构方式,进一步考察其主题的性质。从培根(Bacon)的时代到今天,人们已多次尝试给科学分类(classification),把事实按其固有的区别分开。我们所关心的,不是分类的结果,而是分类所依据的原则。从心理学的最终目标来看,真正的问题是,应该通过所面临的对象来区分特殊科学,还是通过人们所采纳的立场观点来区分。也就是说,是存在于现实世界内的既定差异迫使人们采取某种科学态度和手段,还是我们通过转变对世界的态度来创造新的科学。在前一种情形中,科学如地图上的国家,每个国家都拥有其余所有国家外的一片固定区域。在后一种情形中,科学类似于由很多专家编写的手册中的许多连续章节,从不同的角度来论述同一问题。

我们从现有的论述或书名中得到帮助。结晶学仍被认为是一门科学,似乎晶体和结晶明确地与其他物理、化学现象分开了,具有一个自己的独立空间。再者,物理化学也被认为是一门科学,似乎即使没有现象的转变,仅仅是采纳一个新的观点也足以给它一个独立的空间。但毫无疑问的是,时代潮流已不再是按对象分类,而是按立场观点分类。我们所称呼的双名科学,如物理化学、生理心理学和社会人类学,其数量以及相对重要性都在增加。1870年,培因(Bain)划分了某些基础科学,在每门基础科学中都"存在一种严格独立的现象,放在一起,它们可以包含所有已知的现象"。① 这种观点在今天已没有市场。例如,皮尔逊(K. Pearson)警告我们:"无论多么巧妙地给知识划分领域,科学的每一分支不但会在一个或多个方面进入相邻科学的领域,而且会过入甚至不相邻分支的领域。"②这实际上承认了对科学的划分是难以穷尽的。汤姆森(Thomson)直率地宣称,科学"不再是根据题材限定,而是考虑题材的范畴限定";"限定一门科学的,不是其主题,而是其立场观点——它所提出的特殊问题"。③

这种以立场观点取代对象的趋势指引了正确的方向,但它可能使我们走得太远。因为,即使一门特定学科的事实是其特殊观点的作用,它们依然是事实,这是令人棘手而突出的事情。这种观点所能做的一切,是反映、发现事实,使我们始终如一地把握这一特定类型的事实。④ 科学态度差异因此与科学对象的定义并肩而行。最初,科学出现在无区别的杂乱的常识中,随之,沿着经验世界的粗糙裂缝,尝试在具体事物中处理某种类型的事物。在这一时代,科学分类必然是隔离型的,通过彼此不相关的对象分类。以后,很显然,同一具体事物从不同角度可以形

---

① 培因,《逻辑:演绎》,1879年,25页以下。
② 皮尔逊,《科学语法》(*The Grammar of Science*),1900年,514页。斯特—G. 密瓦特(St—G. Mivart)是这样观察的:"所有的科学都是由相互关联的迷宫联系起来的,在迷宫中,构建真正令人满意的分类似乎是一项难以完成的工作。"[《科学基础》(*The Ground-work of Science*),1898年,26页]显然,他头脑中有一个分隔空间的分类。弗林特(R. Flint)说:"基础科学不是按个体对象分类的,每个对象都很复杂,只有通过各种科学的合作运用才能充分解释。"[《作为科学学和科学分类史的哲学》(*Philosphy as Scientia and a History of the Classification of the Sciences*),1904年,183页]
③ 汤姆森,作品引用,54页、116页、130页。希尔:"比起对经过他们多番努力吸收的知识加以分类来说,对科学研究者更容易成功地分类。"(作品引用,44页)
④ 普恩加莱(H. Poincare),《科学基础》(*The Foundation of Science*),1913年,325页以下。

成许多学科的主题,这时,人们把重点放在特定的态度或立场观点上;由于拆散对象也意味着拆散分类的旧的分隔界限,人们更加强调这种新的分类法。我们再也不能把植物学定义为有关植物的科学,部分原因便是植物出现在包括植物学在内的许多学科中,同时也因为没人能确切地说出植物是什么。

至此,按照立场观点分类的趋向似乎是正确的,但这不是争论的终点。由于坚持特定的态度或立场观点意味着题材的增加、相似事实的存贮增加,目前各门学科可能依据这些题材而不同,并参照它面临的对象进行分类。当然,存在着倒退到各自独立的划分的危险;另一方面,也存在片面地夸大立场观点并不断低估事实的难对付性和独立性的危险。我们必须清楚,新的对象不是常识中或早期科学中的具体对象,而只是那些对象的真面目,通过与特定态度的长期的关联,它们才获得了其客观形象。

因此,我们可以得出结论,在科学发展的特定阶段,或者是通过立场观点,一种向现实世界提出问题的办法;或者通过题材,一种对问题进行客观回答的方法,这门科学获得了自己的特性。一个准确而完美的特征刻画,应该包括相互关联的这两个术语。

§5. 观 察

这一点解决了,回答我们面临的下一个问题—科学的特殊方法问题——也没有什么困难了。科学家采用某种立场观点,并从这一立场出发去看他周围的世界,浏览它、注视它、仔细地检查它;用一个技术术语来说,观察它。实际上,观察是科学研究公认的独特方法。它是科学态度瞄准存在题材的唯一途径。有时,事实会自己显现出来,"让"人观察,硬要把观察强加于人;在科学发展史中更常见的是,有时观察者自己要从事观察,要通过观察获取事实。在这两种情况下,观察都是获取科学知识的基本途径。其结果是直接"了解"(acquaintance with)被观察对象。

科学不追究这些说法的含义,它关心的是,事实未被仔细观察,决不可放过。因此,比起定义来,它更偏好说明。实际上,入门者常被要求对存在偏差的环境进行观察,然后进行彻底的更正。我们不曾在显微镜下被气泡所愚弄吗?因此,不当的观察与正确的观察形成了鲜明的对比,学生的科学教育便始于此。如果我们要超越说明而试图释义,我们可能说观察是一种对现实世界某些方面的清晰的共鸣意识,一种深入细致的体会。在观察中总是会形成这种共鸣和感性认识。我们可能记得,观察有一种较原始的含义是遵循,而遵循是我们用来表达有关科学态度特性的术语。如果能看得到的话,科学研究者很想知道,客观事实是如何相互关联的。他不是冷漠的侦探,而是有同情心的证人。观察如同直接的相识,它是一种参与。我们可以说,如果一个人不亲自观察,所有这些话都可能导致误解。

有时人们对观察过于轻视,认为它"仅仅是对现象的感觉认知";"在自然界的平凡进程中,我们仅仅在注意并且记录下发生在我们周围的现象时,才被看成是观察"。① 如果这就是一切,观察就不会那么稀少和困难了。我们曾引用赫胥黎的证据说明了它的稀少,现在我们通过达尔文(Darwin)的例子证明它的困难。确实,观察是直接的。它是一种个人接触的方法,一种密切的、无中间媒介参与的了解事物的方法。但是,捷径并不总是容易行走的道路。实际上,正确的行为需要科学禀性和科学训练两个方面。由于只有科学家才能运用这一方法,因此,在一定程度上,使用这种方法的人也都是科学家。职业科学家习惯运用这种方法,我们所称的业余爱好者则只是偶尔使用。但是运用了这一方法的业余爱好者确实完全科学化了,无论在何种意义上理解科学这一词,科学都不过是"观察的煞费苦心的产物"。②

但是,任何方法都有其局限性,上文我们说到观察是一种对现实世界某些"项目"(item)的意识,使用这一词是有原因的。由于我们清晰意识的范围在任何时候都是有限的,因此,我们无法观察到比展示在我们面前的景致更多一些的区域。即使如此,在大多数情况下,直接的固定观察对象是科学研究过程的最终而不是最初的术语。现象是复杂的,事实是难以理解的,我们必须凝视和窥探,必须借助手来辅助眼睛。用技术术语来说,就是要超越观察,进行实验。这里不存在科学方法上真正意义的变化,实验总是在观察基础上进行的,作为一个整体,作为一种

---

① 高池(F. Gotch),《科学方法讲话》(Lectures on the Method of Science),主编,斯特朗(T. B. Strong),1906年,28页,42页;杰文斯(W. S. Jevons),《科学原理》(The Principles of Science),1900年,400页。在本章中有杰文斯的许多优秀内容。在穆勒(J. S. Mill)的《逻辑》(Logic)一书相应的一章中也有。《哲学心理学辞典》(The Dict. Philos. Psych.)把观察定义为"注意的经验"。把注意定义为"正在对客体工作或开始工作的心灵"。把经验用一般术语定义为:"个体经历过的意识活动状态。"即使这些定义逃脱了赘述的指责,也还是太模糊、太笼统了。

② 希尔,作品引用,25页。

方法,实验即观察本身,它可用来弥补观察者对自然界的无可奈何。在这一点上,我们实验室的安排是对观察弱点的承认,尽管在另一方面它又意味着克服了弱点。让我们看看实验室里完成的是什么?

§6. 实　验

实验是根据预先安排的计划进行的观察。计划的细节和其直接目的,自然随不同情况而异。但是,一般来说,其目的有三点:实验是一种可重复、可分离、其环境可变换的观察。① 在最有利的条件下,这三点都可以达到。

没有必要叙述重复的优点。无论我们是观察系列发光体或是草履虫的逃避反应,或是负后像的过程,显然,一遍又一遍地重复可使我们观察得更好。事实是难以理解的,在特定的观察中,总是存在一定风险:我们可能没看到实际存在的一些东西或认为看到了某种东西——但它事实上不存在。而重复能使我们逐步熟悉事实:在观察中增加、删除、纠正。也没有必要强调分离的优点。现象是复杂的,要进行观察,就需要按我们的目的从观察中删除无关的和干扰的因素。许多科学仪器,其基本设计便是使所观察的现象能够分离出来。

---

① 这里给出的实验的概要可在各种资料中找到。例如,见穆勒的《逻辑》一书中"观察与实验"一章;杰文斯《科学原理》一书的"实验"一章;汤姆森和泰特(P. G. Tait)《自然哲学论文》(*Treatise on Natural Philosophy*)(1879年,第1部分)的"经验"一章。在冯特的《方法论:精确科学的逻辑》(*Methodenlehre：Logik der Exakten Wissenchaften*)(1907年)和《社会科学的逻辑》(*Logik der Geisteswissenchaften*)(1908年)书中的不同段落,已经引用了希尔和汤姆森的著作。令人惊讶的是,主要的百科全书(如《不列颠百科全书》和《新国际百科全书》)没有这个主题的文章。

但是，我们不能分离出调查的特定对象，有时我们无法确定观察物中的某些因素是有关的还是无关的。在这种情况下，我们改变观察的环境。例如，我们要形成节奏，就必须处在某种速率条件下。因此，如果我们要研究节奏，就不得不改变速率。又如，肌肉感觉是否与距离知觉有关并且在多大程度上相关，这是一个心理学史的问题，如果要研究那种知觉，我们就得改变肌肉感觉中有疑问的因素。但是，变化不仅用来帮助分离，也有自身的直接价值，借此，可以使我们的观察归类或相互联系起来，并超越孤立的事实形成规律性或一致性。例如，我们想知道，光谱是否以及以何种方式随着发光物体的物理条件（密度、压力、温度）的变化而变化的；草履虫的逃避反应是否以及以何种方式随着对它施加的刺激（机械的、化学的、热的）的变化而变化的；后像过程是否以及以何种方式随着它投射其上的背景（黑、灰、白）的变化而变化的。我们通过变换我们的原始观察环境而获得所有此类信息。

当我们想起对观察的三种控制所带来的科学知识的多方面进展时——马赫断言，实验为科学奠定了坚实的基础①——我们并不重视如下问题：在一般的专题论文中，观察并没有得到人们应有的注意，作为一种"仅仅是注意"的现象，我们甚至考虑过取消它。然而，实际上，观察是唯一正确的科学方法；作为科学方法，实验只不过是受到保护和帮助的观察。在观察和实验之间并不存在方法论上的界限划分，但作为观察的一方面和作为实验设计和安排的另一方面，确实存在区别。观察无论是自由

---

① 马赫，《认识和错误》(*Erkenntnis and Irrtum*)，1906年，186页；对照：普恩加莱，作品引用，127页。

的还是受控制的,无论是作为一种时机还是作为实验计划的偶然阶段,都毫无区别,它仍是观察。但实验计划,作为对观察的安排,则是另外一回事了。做计划要应用逻辑、推理、争论。所有这些处方,以及多样化的实验安排,是"为什么"和"因为"的事情,它们体现并表达了调查者的特殊意图。我们已看到,科学禀性并不涉及特殊意图。于是,从理论上,我们可以安排劳动分工,让逻辑学家设计实验程序,科学家做相关观察。① 事实上,这两个角色通常是组合在一起的,科学家按照自己的逻辑进行观察。比起不熟悉观察而习惯于抽象地对待事实,习惯于把科学的态度与他自身固有的逻辑态度相结合的逻辑学家,科学家因为已熟悉同样顺序的事实,应用逻辑去查明新事实要容易得多。但这条规则以及对其例外情况的解释,只有在与我们的主题相联系时才合适。我们的主题是:当无助的观察转化为实验时,科学态度已被非科学、超越科学的逻辑态度复杂化了。

因此,今后职业科学家要扮演双重角色。从根本意义上,作为一名科学家,要使用观察的科学方法,让态度面对现实对象,使两者合二为一,直接了解事实的方法;而作为一名科学研究者,要离开现实世界,进入逻辑意义的世界——充分理性的世界,并且设计出实验程序来控制其观察。只要逻辑行为意在维护观察和使观察更加完善,它就完全从属于观察事实;只要目的在于形成科学规律或一致性,它就要用它所担保的事实进行进一步的逻辑建构。

---

① 对照:杜海姆(P. Duhem),《物理理论》(*La Theorie Physique*),1906年,235页、238页、439页。杜海姆犯了低估观察的一般性错误。

§7. 科学和逻辑

科学行为实际上是在人类社会中进行的,我们必须具体地考察它。我们的探讨将转向这一点。如果逻辑在一定意义上仍从属于观察,那么我们将发现科学行为是这样一种行为:在这种行为中逻辑在另一种意义上与观察并列,甚至领先于观察。我们以科学禀性为起点,并抽象地将它视之为某些特殊人物的天资。我们表明,这种物质适合于某些特殊主题;我们又进一步表明,通过遵循、存在和观察复杂而特殊的结合这一特别途径,禀性与主题形成相关。正如我们所刻画的那样,科学家获得了大量准确的事实知识。但是,很显然,他们不能给我们比其所记录的更多的事实。他们根本不能给予我们一份科学专题报告,科学的一个篇章,或一项相关的工作,一个科学的体系。如果科学要成为我们所知道的样子——一种像艺术、宗教和哲学那样的社会制度(social institution),那么事实就需要进一步加工。短暂的"经验"(acquaintance with)必须转化为"理论知识";①需要对事实进行分类、组织、总结,要正确处理,使之有用,富有养分。所有这些工作都是应用逻辑的工作。

刚才我们已提到,实验向逻辑开启一道门缝,通过说明为形成科学规律而进行有条件的控制变化,这一大门开得更大。那

---

① 这种区分请参看格罗特(J. Grote)的《哲学探索》(*Exploratio Philosophica*),特别是(1865年)1900年,第1卷,60页;第2卷,201页以下;赫尔姆霍茨(H. von. Helmholtz),《视觉理论的最新发展》(*The Recent Progress of the Theory of Vision*,1868),见《有关科学主题的通俗讲话》(*Popular Lectures on Scientific Subjects*),1904年,第1卷,269页以下;詹姆斯《心理学原理》(*The Principle of Psychology*),1890年,第1卷,221页、459页以下。

就是我们如何通过讲解的过程而引向逻辑。实际上,在现实的科学生活中,这一大门已经打开。甚至在科学形成之时,科学禀性和逻辑学禀性的交互作用和相互转换已经发生。事实上我们只是考虑科学赖以出现的一般意义上的基质以认识事物本质。我们从抽象开始,现在又走向具体。我们发现,逻辑卷入其中。

我们也注意到,科学借用了逻辑,并把逻辑中应用的各种程序——归纳与演绎、分类与总结、类推与假设,还有其他各种程序,化为自己说明中的一部分。这一系列,还应包括数字程序。因为,尽管在许多科学分类中,数字被认为是一门科学,但事实上它并非科学。凯尔文称之为"常识的气化"(the etherealisation of common sense)。① 科学则永远不能升华为数字,正如它永远不能升华为任何逻辑形式。它的规律是事实的归纳总结,它的数字公式是观察赋予的。但科学应用了逻辑所提供的一切程序。

因此,实际上逻辑既与常规形式中的科学程序紧密相关,也与常规环境中科学家所选择的工作相关,这样逻辑就占有了"科学方法"的头衔。逻辑书中有一章是"科学方法论",它建立了更适合各种科学的程序。这个名称很不好,因为它倾向于减轻观察手段的重要性,还倾向于使对于科学和其他建构形式都很普遍的"方法"产生不同的价值。它还可能导致错误。例如,有人认为"科学方法仅仅是途径——用它所在系统的观点、用不同的

---

① 《通俗讲演录》(*Popular Lectures and Addresses*),1889年,第1卷,273页、277页、285页。对照:克利福德(W. K. Clifford),《演讲与论文》(*Lectures and Essays*),1879年,第1卷,335页;罗素(B. A. Russell),《数学原理》(*The Principle of Mathematics*),1903年,第1卷,106页、397页、457页等;库蒂拉(L. Couturat),《数学原理》(*Les Principes des Mathematiques*),1905年,3页、217页;冯特《精神科学的逻辑》,1907年,106页。

推理来调查科学题材的手段。"① 这儿,"仅仅"是一种误导,正如它在上文关于观察的引文中进行误导一样;因为科学主题本身是通过一定方法获得的,而逻辑手段则在科学中处于第二位,我们极力反对任何忽视观察或认为观察是想当然的方法论。因此我们也无法接受赫胥黎的名言:科学是"完美的常识"。② 赫胥黎说得不错,"科学推理只是非常仔细的普通推理"。无论逻辑用在哪里,它基本上也是如此。但普通推理和科学推理的术语是不同的。"常识"(common knowledge)来源于风俗、权威、习惯、沉思、传统等,来源于除了观察之外的任何事情。因为,科学事实是通过先于逻辑方法的科学方法获得的,因此,常识与科学往往是相反的事物。③

我们必须警惕可能要犯的两种错误。我们不应期望用纯粹的逻辑术语来表达科学体系;也不应期望科学升华为纯粹的数字公式,决不能忽略所观察事实的本质。我们也决不能认为科学方法是几条总结出来的推理法则,我们还有观察的土办法。认识到这些之后,我们就可以轻松地承认逻辑在科学行为中所扮演的角色。科学研究者并非随意观察,他先有了要问的问题,有了要证实的假设,然后他借助逻辑来满足他的需要。换句话说,科学研究者先是认知,形成问题,再形成假设框架并加以评

---

① 凯思(T. Case),《科学方法讲话》(Lecture on the Method of Science),斯特朗编辑,1906年,6页;参看:皮尔逊,作品引用,10页。

② 赫胥黎,《科学入门:导论》,1880年,18页;《关于自然历史科学的教育价值》(On the Educational Value of Natural History Sciences,1854),见拉伊—赛默恩斯(Lay Sermons)的《演讲和评论》(Addresses and Reviews)(1887年,66页);参看,福斯特(M. Foster),《自然》(Nature),1899年,第60卷,468页。

③ 参看,马赫,《认识和谬误》,1906年,2页;杜海姆,作品引用,427页以下;汤姆森,作品引用;37页;舒斯特(A. Schuster),见《自然》,1915年,第96卷,38页。

价,然后他才能把经验转化为理论知识,从事实的世界迈进推理和暗示的世界。他要计划和准备观察、加工观察结果、把所得结果与他的学科中已形成的规律以及流行的假设联系起来。在以上应用逻辑的世界中,他可能要比在事实世界中花费更多的时间。只是,在方法这一点上,他的特殊能力仍是他作为观察者的能力。

§8. 达尔文模式

我们很难发现比查尔斯·达尔文的工作所提供的更好的关于科学的具体方法的阐述,它是应用逻辑同观察相结合的方法阐述。很大程度上,达尔文既不用复杂的数字手段,也勿须复杂的仪器,而是运用最简单的方法,①带来了普通生物学的变革。在达尔文身上,这些成分简单而大量地混合,使达尔文有可能成为科学工作者的典范。何况,我们有关达尔文其人其工作的资料充足而可信。

达尔文在年轻时已对自然历史非常爱好。他是一个不倦的收集者和敏锐的观察者。他告诉我们:"以我[孩子般]的单纯,我感到奇怪的是,为什么不是每个绅士都成为鸟类学家。"甚至当他还是一位业余爱好者时,运用不太合适的工具进行工作,他

---

① 类似凯尔文这样伟大的物理学家,不断地求助于数字,可能导致对观察事实丧失基本的信心。特别提及:凯尔文的传记作家在实验室一章[汤普森(S. P. Thompson),《威廉·汤姆森的生平》(*The Life of Williarm Thomson*),1910 年,i 页]中提到:"在他进行物理探索时,他[凯尔文]发现自己因为缺乏理论调查所需的精确数字而受到拖累"(296 页);"汤姆森用他能得到的工具开始其工作,提供他工作所需的数据"(297 页);"当汤姆森第一个建立物理实验室时,其原因是他急需作为事物性质的物理数据"(304 页);等等。还要特别提到,论文(第 1 卷,472 页)的特点刻画和赫尔姆霍茨的赞许性评语:"比起物理事实的一致性,更喜欢数学方法的精致。"

的观察也小有成就。① 另一方面,伴随这种观察兴趣的是其"理解任何复杂主题或事物的浓烈乐趣"[佩利(Paley)的"证据"]。"逻辑,还有他的自然神学,像尤克雷德(Euclid)一样给我们带来了极大的喜悦。确信其[前提]正确,我陶醉于大段论证之中并深为叹服。"②事实与逻辑,观察与思考,作为科学系统中两个必不可少的成分,各具其特殊魅力。

年轻的达尔文对自然科学的每一分支都显示出最初的兴趣;后来,当他明确展示了一系列完美的工作时,其广泛的兴趣仍然存在。③ 在其成年时,"他手头总是同时有几个不同的课题。"④就他研究食虫植物而言,有时,一个简单的、表面上很偶然的观察,也会触发一个科学问题。⑤ 就其杰出的物种起源研究而言,有时,物种通过诸多渠道潜入达尔文思想之中,这种念头多年伴随着他,只是在酝酿成熟之后才最终定型。⑥ 无论科学问题如何形成,它都是调查方法的指南和丰富的源泉。

调查一方面是寻找事实。达尔文自己强调除了自己的积极观察外,更要通过铭记一系列问题,通过谈话、泛读来收集事实。⑦ 但这种收集并非是毫无选择的:"他对于一个人可信与否有极敏锐的直觉,他对所读书的作者的精确性似乎已形成非常

---

① 达尔文,《查尔斯·达尔文的生平和信件》(*The Life and Letters of Charles Darwin*),1888年,第1卷。如果可能,提供一本充满分析性索引的书将是一个真正的科学贡献[这些及以下有关这件工作的参考书目,伦敦版本有3卷,美国版本有2卷]。
② 出处同上,33页、47页、103页。
③ 出处同上,33页、126页,在达尔文的事例中,数学的缺乏加强了其局限性。
④ 出处同上,100页、127页、153页等。
⑤ 出处同上,95页、130页。
⑥ 出处同上,28页、38页、68页等。
⑦ 出处同上,83页。

确定的观念,并在辩论或解释中运用这种判断来选择事实"。①这种对其他事物本能的,或更多移情的判断,对于一个未经观察训练的人来说,当然是不可能的。可事实上达尔文是一个优秀而耐心的观察者。他具有注意否定性事例的优点——"一种捕捉例外事物的特殊本能"。② 他说:"我认为,在观察不易受人注意的事物方面,在对它们进行仔细观察方面,我要比一般人好一些。"③他的观察还非常广泛。采访过他的一位记者说过:"使我感兴趣的是看到在这一方面如同在任何其他方面的细节观察上,达尔文先生总是说,'是的,但有时我亲自对这一特定问题进行观察;我认为你能发现',等等。"④在达尔文的信件中,这种单纯的观察乐趣一再出现。他曾经一度宣称:"快乐的人,他真的看到了背上粘着花粉的大群蜜蜂围着弹粉兰飞。"⑤

但达尔文并不在事实面前止步不前。如我们所知,他还对符合事实的理论进行不断的批判性探索。他宣称,事实上,"仔细观察是比总结更为困难的事情"。⑥ 他说:"我一直努力使我的思想自由,以便放弃与事实不相符的任何假设,无论它多么可爱(我忍不住要在每个主题上形成一个假设)。"⑦他的儿子评论道:"似乎他充满着理论力量,只要稍有麻烦,它就可以流入任

---

① 达尔文,《查尔斯·达尔文的生平和信件》(*The Life and Letters of Charles Darwin*),157 页;参看 99 页、102 页。
② 出处同上,148 页。
③ 出处同上,103 页。
④ 出处同上,279 页。
⑤ 出处同上,第 1 卷,150 页、349 页;第 2 卷,341 页;第 3 卷,264 页;达尔文和西沃德(A. C. Seward),《查尔斯·达尔文的信件》(*More Letters of Charles Darwin*),1903 年,第 2 卷,116 页。
⑥ 达尔文和西沃德,作品引用,第 2 卷,252 页。
⑦ 达尔文,作品引用,第 1 卷,103 页。

何渠道;因此,无论多么微小的事实都不会从理论之流中逃脱。"
"幸运的是,他丰富的想象力与判断力以及评价能力保持了一致。"①达尔文清楚地看到,"如果要使观察起作用,所有观察都必须是支持或反对某一观点的;"但他又是多么巧妙地维持了这一平衡!"让理论指导你的观察",他写信给他的朋友说,然后,在随后的第二封信中写道:"但不意味着甚至最低限度地更改事实……我努力遵循的一条重要规律是:重视与先前观念相反的每一事实。绝对精确是……最高美德。任何分歧都意味着毁灭。"②通过实验,他懂得:"除了珊瑚礁之外[它在非常特殊的环境中形成],我想不起哪一个假设不是在最初形成之后不久,就被放弃或修改的。"③

达尔文在晚年总结了他的精神财富,这是一段被经常引用的话:"我的大脑似乎成了某种从收集的大量事实中榨出一般规律的机器。"50年前,通过一个其反面作用比多次正面推理更有教育性的自然错误,他已记住"科学包含大量事实,一般规律和结论从中推导而来。"④但那些批评他的工作的人却发现有可能这样说:"他是一个好的观察者,但他不具备推理能力!"⑤事

---

① 达尔文,作品引用,第1卷,149页。
② 达尔文和西沃德,作品引用,第1卷,195页;第2卷,323页。这一平衡处理得非常巧妙,以至达尔文置自身于矛盾之中。参看第1卷,39页、176页。
③ 达尔文,作品引用,第1卷,70页、104页;第3卷,194页。
④ 出处同上,第1卷,56页、101页。
⑤ 出处同上,第1卷,103页,那些对紧随其后的后达尔文时期的生物学非常熟悉的人将认识到,当没有可获得的既定事实时,得出结论的尝试是多么无效。达尔文把自己的心理特质总结为"对科学的爱"(我们所称的遵循),"勤于观察和收集事实","长期反映任何主题的无束缚的耐心"(应用逻辑作为指导),还有"发明与常识的适当分量"(把逻辑作为受观察调和的假设)。出处同上,第1卷,107页。

实上,正如原本应有的那样,这是一个"给"与"取"的问题。在这种背景中,理论导向经验知识,由此获得的事实再转化为理论知识并导致理论的改进,改进的理论需要进一步的观察,等等。科学家以逻辑为工具,自由地从一个世界进入另一个世界,但仍需常常注意不让逻辑给基本事实染上各种污浊的色彩。

§9. 常规科学

我们开始获得了一个科学的工作概念,并且取得了一定进展:我们大致了解,我们视之为思想框架的科学是什么;我们还知道,当我们视其为生活模式、社会中的个人行为时,科学是什么。但是,我们的探索之路并未走完。大多数人对科学态度一无所知,对科学研究者的职业也知之不详。在他们眼里,科学是写在教科书中的东西,是在学校中教授的东西;它体现在一些伟大人物身上,更通俗地说,体现在一定社会的全体成员中;它表现在发现之中,并由发明来判断。科学这一词所包含的意义,对他们而言是客观的常规的形式。并且这种客观的科学主导了我们的思考。我们必须提出常规科学应该做哪些事情这一问题;我们必须问:它竭力要做的是什么,它对文明的贡献是什么,它有计划地努力的目标是什么。即使这些问题的答案已蕴涵在我们对主观科学的处理中,我们仍希望通过反复思考,从一种新的视角来看我们的结论。

依照我们已经提到的,科学只有一件任务要完成,即,必须在不扭曲它赖以为出发点的事实前提下,努力把观察到的经验知识转化为可控制、可了解、可利用、可以进行沟通的理论知识

体系。现在如果转向最近关于这一问题的讨论，我们可以发现，人们集中于这一结果上。长期以来，科学处于混沌之中，无法认清它应该做的事情，但目前普遍同意科学应该做的事情可以总结为一个单词——"描述"(description)。如果需要加上限制条件的话，可以用这样的短语表达："尽可能简略的描述"，或"以最简单的术语描述"。

这样理解的"描述"一词，具有肯定和否定两种含义。在否定的一面，它表达了对以往思想混乱的对抗。它否定科学与解释有任何关系，与为什么(why)和因为(什么)(because)有任何关系。它同样否定科学与应用、手段和目的有任何关系。我们必须首先考虑其对抗的主要趋向，然后再考虑有关科学与技术之间区别的推论。

我们已说过，科学禀性不涉及特殊意图。有关为什么和因为(什么)的问题属于理由充分的领域，也就是逻辑领域。我们也已说过，观察受逻辑指导。在科学研究者的具体行为中，逻辑起了很大作用。因而，逻辑渗入到科学系统的事实关系之中是很自然的。科学家用吸引和共鸣、起因和力量、适应和进化描述(account for)所观察到的自然景象，似乎这些"解释性的原则"在现实世界的支配区域非常活跃，这也是很自然的。这一切都很自然，但是，它们也是没有理由的，使人误解的。如泰特所言，力量"仅仅是对我们肌肉感觉的一种虚拟的联想"。它不具备物理的存在，物理中有比率、加速度，但没有力量。① 按照马赫的说

---

① 泰特，《物理科学最新发展的讲话》(Lecture on Some Recent Advances of Physical Science)，1876年版，338页以下；《物质特性》(Properties of Matter)，1885年，7页以下。

法,起因"包含了强烈的盲目崇拜的迹象"。吸引是从前"寻找位置"的回声;重的物体自然会下落,轻的物体自然会上升,这是一种常识。科学必须遗弃这些观念。① 意图已从生物学中删除,尽管它在这门学科非正式的说明中仍然随处可见。最近一本植物学教科书的作者这样写道:"许多植物的须、刺的生长抵制了动物的攻击,但由此断言,因为来自攻击的危险,这些保护物才发展起来,则显得过于草率。"②他还应加一句:这种普遍性假设是绝对非科学的。

泰特和马赫并不要求把"力量"和"起因"这些单词弃而不用。事实上,即使没有它们,物理学也会很好地发展,但由于历史的或其他的缘由,只要它们为科学探索提供方便,它们就会保存下来。有理智的人也不会要求生物学对"适应"和"进化"这样的词弃而不用。现代科学不该反对这些单词,而是反对解释所带来的虚构的成分。心理学家仍然谈论记忆和想象,但他们同时明确否认有关心理实体的旧心理学理论。否定意义上的"描述"一词主要要求否认那些常识性的、既不必要又使人误解的观念。③

---

① 马赫,《通俗科学讲话》(*Popular Scientific Lectures*),1895 年,处处可见,尤其是 226 页、254 页。
② 库尔特(J. M. Coulter),《植物关系》(*Plant Relations*),1900 年,146 页;参看 74 页,以及《植物结构》(*Plant Structure*),1900 年,324 页。
③ 参看杰文斯,《科学原理》,1900 年,673 页以下;冯特,《精确科学的逻辑》,1907 年,1 页以下。

§10. 分析和综合

"描述"不仅是否定性的,也是肯定性的。为理解其肯定性,我们必须进一步考察科学任务的特性。假定描述适当地表达了科学所应该做的事,由于描述必须覆盖与其术语相应的各项工作,因此我们不必对使用普通的逻辑术语怀有顾虑。

人们普遍认为科学的首要问题是分析。如果一位科学家从事一项新工作,那么在逻辑上,从时间上来说,他要做的第一件事,便是分析。这条在实践中无一例外的规律,因科学方法的局限性和引出这些方法的知识的性质,而显得必要。我们可以达到明了的意识,获得直接的经验,而这种明了的意识只能逐步获得。因为,我们知道,观察在任何时候只适用于期望探索的小块领域。

分析可能是分解性的,把所给整体分解成各个组成部分;也可能是概括性的,通过观察选出所给整体的某些特质或性质。当化学把水分解成氧和氢时,它执行的是分解性分析。当心理学把颜色分解为色调、色泽、色彩时,它进行的便是概括性分析。这些是在元素水平上分析的例子。在不同的实验环境中,当我们不但考虑通过分析而获得的元素,而且考虑到这些元素在所给整体中的功能性关系时,我们又向前跨出了一步。如果详细地说明了分子中包含的各类原子的数量,并展示出原子在分子中的排列方式,这时,化学进行的就是这种相关分析。如果心理学通过颜色锥体中的色调、色泽、色彩来确定一种特定颜色,那么它进行的也是相关分析。

现在,科学的进一步问题是综合的问题。在所谓的再生性综合中,我们把分析拆散开来的东西又放在一起,于是又再造了我们开始时所给的整体。我们重组光谱色以形成白色,我们重组纯音(the simple tones)以制造一定音色的复合音。这种复制性的综合只不过是对分析的一种检验,在相当简单的情况中有用,并可能用到,但它并不适合较复杂的情况。在综合性的实验中我们通过情况的变化取得成绩:把色谱的各部分组合起来,因而发现了对抗的颜色(antagonistic colors);或者把成对的纯音组合起来,从而发现音融合(tonal fusion)度。因此,实验是分析和综合的侍女。要是观察者把注意力放在他的整个问题的某一方面,一次实验和同样的实验可能对相关分析或相关综合有益。一个化学公式可能表达对分子的分析或对原子的综合,颜色锥体可视为对视觉特性的综合或对看到的世界的分析。

因此,严格地讲,分析和综合是相互补充的。但是在科学系统的建立中,综合占据了更大范围。它出现在分类、事实法则,以及事实相关法则这三种主要形式中。三种形式都以先前的分析为基础,并且都具有逻辑上的相关。

分类是按照相关性对分析的结果进行组合,是一种相似的事物在一起的系统组合,并表明了如此形成的不同群体联系的间距。我们可以想一想化学元素的分类或生物学的谱系分类。显然,只要所建立的同类群是真正的同类群,就会使我们发现事实规律,因为,具有该类某些特点的物体很可能也拥有另一些特点。更明显的是,这种分类的确能揭开未知的相互关系的规律,其相互依存性尚未被认识的现象和现象的性质今后可能显示出相关性和协变性。因此，分类不仅仅是对科学资料适当的编组，它是应用逻辑中的明确问题，它的解决大大有助于常规科学中的理论知识。

我们通过预期已提到，事实规律是对现实世界的现象中结构一致性和行为一致性的概括性陈述。重力与受重力作用的物体的质量成正比，与其距离的平方成反比，这是物理学的一般定律。对比总是出现在性质极为相反时，这是心理学的狭义定律。这类公式极为便利，它们有助于我们把大量不同的实验结果记在心里。但它们不仅仅是便利，作为概念化的逻辑形式，它们代表了科学系统构建中一定的阶段。

最后，相关律是对现象间的一致联系或协变性的总陈述。在相关律和事实律之间不能划一条固定不变的界线。例如，重力总是伴随着惯性，惯性也总是与重力相关。这条定律既可看作物质构造律，也可看做物体特性相关律。如果一些现象全部为一个共同变量的可变函数，当我们考虑这些现象的协变时，我们特别要提及的是相关。例如，我们考察儿童的身高和体重时，这两者均被看做年龄的函数（functions）。在实践中以及在逻辑上，相关律与事实律是建立在同一基础上的。

因此，科学的典型工作在形式上表现为元素分析（elementry analysis）、相关分析（relational analysis）、相关综合（relational synthesis）、分类以及制定自然规律。我们也可以更简练地说，科学家为了某种后来的综合而进行分析。

§11. 描　述

所有这些复杂操作都可以概括成"描述"(description)这个简单词语吗？可以这样说，因为描述是我们所发现的最能精确表述科学任务的词：为了综合而进行分析。现在让我们看一些简单的例子。

我要建一所房屋，要求设计师给承包商准备计划。设计师逐项逐层地设计房子，包括房屋内部的木建部分、建筑的石造部分、管道的铺设，以及取暖和照明的设备。他草拟计划、绘制平面图、列出明细表。他提供的图纸和表格放在一起，联系起来，就是房子的技术性描述。他为了描述而不得不进行分析，但他把其描述结果相互联系起来。这样，任何懂行的人都可把房子设计视为一个整体，任何有正确技术以及有材料的人都可建造这所房屋。

让我们看这样一段描述：一个小说家所描写他设计的角色活动的场景。我们发现其中不断提及树、花、公路、牧场、房屋、小溪、小丘、绵羊、牛、田野、墙、树篱、岩石等等。这段描述是以分析为基础进行的。然而，借助于文学手段，这一系列事物联系在一起，在读者头脑中形成印象。如果不是复杂场景的一幅清晰图画，它至少是一种综合的印象。图景的唤起，或者说，场景氛围的形成当是作者期望的结果。[①]

[①] 对一度非常著名的小说《罗伯特·埃尔斯默尔》(Robert Elsmere)这些段落的介绍提供了一个很好的例证；文中提到的所有这些内容，甚至更多的内容，都可以在这些段落中找到；然而通过"共鸣"(echo)和类推、综合这些简单的手段，作者成功地把整个复杂的场景嵌入读者的脑海中。

这些阐述已很充足。尽管是些小事,但它们还是帮我们认识到,甚至那些普遍适用于物体、电、磁和其他系统的一般物理规律,基本上也是描述。① 我们说,在不歪曲它所依存的事实的前提下,科学把观察到的经验变成可控制的相关知识。事实通过分析获得,又在不改变其性质和关系的前提下,通过综合整合为可了解的知识群和可运用的公式。综合的过程非常精细,科学新手可能发现自己难以遵循,未受训练者会发现自己毫无理解天分。但是,初学者把大量相关事实归到一起,这样的描述则是可以理解的。

还需提到一个有关科学描述的限定条件:"尽可能简洁"(the simplest possible)。附加这一限定的观点是一种节约脑力的观点(假定简洁的描述一直是适当的)。描述越简洁,就越容易理解它、运用它,把它用于科学系统的进一步发展中。实际上,如果简洁真能使事实更易控制、更可利用、更易于交流,那么我们就会毫不犹豫地承认它可以正当地进入科学任务的任何叙述中。但是,我们必须记住,科学是个体的工作,需由不同人来处理、理解。因此,简洁是相对的,我们不能以可理解性为代价来寻求简洁。一套数学公式对于高级数学家而言,像白昼一样明晓,但对于大多数科学家而言,则如啰里啰嗦的言语一样用处不大。为了简洁而简洁是奉行美学的而不是科学的理想。因此,如果我们下结论说,科学要做的事是尽可能简洁地对现实世界进行描述,那么让我们加上一句,在特定的条件下,我们意味

---

① 马赫,《通俗科学讲话》,1895年,254页;《热学原理》,1896年,435页。

着要通过"尽可能地简洁",来保证最大可能的脑力的节省。①

§12. 技 术

因而,常规科学是描述性的而不是解释性的,它不涉及"为什么"。我们提到过"描述"一词有双重含义,它既是"纯粹的"、理论性

---

① 科学体系基本上是简洁描述的问题,这一观点由来已久。可在朗肯(W. J. M. Rankine)的《动能学纲要》(*Outtines of the Science of Energetics*)(1885年)一文找到相当清楚的表述。见《科学论文集》(*Miscellaneous Scientific Papers*),泰特和米勒(W. J. Millar)编辑,1881年,209页以下。它是马赫特别喜爱的论题,早在1871年,他就提出来并在一系列出版物中发表。例如见《通俗科学讲话》,1895年,尤其是《自然科学调查的简洁性》(*The Economiad Nature of Physical Enquiry*)(1882年,185页)和《物理比较原理》(*On the Principle of Cornparison in Physics*)(1894年,236页以下;《机械学》(*The Science of Mechanics*)(1883年),1893年,4页以下、490页;《知觉分析》(*Die Analyse der Empfindungen*)(1886年),1900年,37页、210页、219页等;《热学原理》,1896年,430页、459页;《认识和谬误》(1905年),1906年,287页、314页、450页。

可以加上一些参考书目,完整的文献目录是不可能的。见科学类:克利福德,《物理力的理论》(*On Theories of the Physical Forces*)一文,在《演讲和论文》(1879年,第1卷;109页以下)一书中;基尔霍夫(G. R. Kirchhoff),《数理讲座:力学》,(*Vorlessungen über Mathematische Physik: Mechanik*)(1876年),1883年,1页;闵斯特伯格(H. Münsterberg),《论意志》(*Die Willenshandlung*),1888年,59页以下、162页;《心理学与生活》(*Psychology and Life*),1899年,44页以下,191页以下;《心理学纲要》(*Grundzüge der Psychologie*),1900年,第1卷,处处可见,特别是331页以下;皮尔逊,《科学语法》(*The Grammar of Science*)(1892年),1900年,处处可见,特别是112页、115页;奥斯特瓦尔德(W. Ostwald),《自然哲学讲座》(*Vorlesungen über Naturphilosophie*),1902年,205页以下;杜海姆,《物理理论,它的目标和结构》(*La Theorie Physique, son object et sastructure*),1906年,5页、26页、29页、59页以下;汤姆森,《科学导论》,1911年,35页以下。哲学类:阿芬那留斯(R. Avenarius),《作为适用于最小力量原理的世界思维的哲学》(*Philosophie als Denken der Welt Gemäss dem Princip des Kleinsten Kraftmasses*),1876年,18页,45页以下;《纯粹经验批判》(*Kritik der Reinen Erfahrung*),1890年,第2卷,331页以下、492页以下;罗伊斯(J. Royce),《现代哲学精神》(*The Spirit of Modern Philosophy*),1892年,381页以下;《世界和个体》,1900年,第1卷,29页;1901年,第2卷,26页以下;沃德(J. Ward),《自然主义论和不可知论》(*Naturalism and Agnosticism*),1899年,第1卷,62页、81页以下;第2卷,66页以下、240页以下;泰勒(A. E. Taylor),《形而上学原理》(*Elements of Metaphysics*),1903年,174页以下;莫斯(J. M. Merz),《19世纪欧洲思想史》(*A History of European Thought in the Nineteenth Century*),1904年,第1卷,382页;1903年,第2卷,183页;1912年,第3卷,282页、402页以下、574页以下;1914.年,第4卷,758页以下。

的,又是非"应用性"的、非实践性的。它不涉及事物的"用途"。事实上,纯科学与应用科学是紧密相关的,并且这种关系日益密切。那么,它们有什么区别,其区别与联系又是怎样一致起来的呢?

赫胥黎说:"我常常希望'应用科学'这一术语从未被创造出来。因为,它意味着存在一种直接实用的科学知识,它与另一类以'纯科学'术语表达的没有实际用途的科学知识区别开来。但是没有比此更糟糕的了。"① 也就是说,像医药、农业、工程、工业化学、优生学一类的技术所"应用"的科学,和我们谈及的科学总是一回事。无论科学是应用性还是非应用性的,只有一种科学。这一点必须首先注意。

赫胥黎继续道:"人们所称的应用科学,只不过是在特定类型问题上对纯科学的应用而已。"但是,他在此受到自己关于科学是"完美的常识"这一定义的影响,他的陈述,至多只有一半正确。因为科学与技术的差别是最初态度的差别。科学家信奉自己的方法,无论这种方法把他带到哪里。他要熟悉他的主题,却并不关心他将发现什么,也不关心当他熟悉的东西转化成有关知识时,他的知识内容是什么。技术专家则走入另一个世界,他要达到某个明确的目的,这是他唯一着迷的,因此他并不关注他无法用来达到其目的的东西。② 科学在某个特定时期的特殊问题是由科学系统的逻辑决定的,而不是出于用途上的考虑;同时,这类直接的科学工作和有机会出于完全间接的"观察的爱

---

① 赫胥黎,《科学与文化》,1882年,20页。
② 马赫,《热学原理》,1896年,449页;莫斯,作品引用,第1卷(i),30页以下;汤姆森,作品引用,224页,234页以下;铁钦纳(E. B. Titchener),《心理学:科学还是技术?》(*Psychology: Science or Technology?*),发表在《通俗社会学月刊》(*Pop. Sci. Monthly*)[1914年,第84卷(lxxxiv),39页以下]。

好"而进行的工作并存。在另一方面,技术只能凭借特殊的实际问题而存在。如果我们不想预防和治疗疾病,就没有医药;如果我们不想保存和改进种族,就没有优生学。

这是真正的区别所在,它可以从多方面显示出来。例如,科学家受其智力游戏规则所限,固守一种特定的观点。相反,技术专家则经常改变自己的观点,只要有利于达到目标,对他来说似乎都是好的。他不局限于仅仅借助一门科学的限制,当他需要时,他就不加区别地从任何科学中提取事实与规律。再一点,科学家对其主题的各个部分都一视同仁;技术专家则无论对他接受的还是对他忽略的,都有明确的选择。因此,也就是在这种意义上,"应用科学"这一术语存在谬误。为了达到一个目的,技术应用许多科学,并且是局部应用这些科学,在技术中不存在"纯"科学的严格复本。医学或多或少地不等同于生理学,工程学则或多或少地不等同于应用物理学。技术没有义务与其所应用的科学维持同一水平。通过实际尝试错误,它可以预料科学结果;它也可能为了目前的目的,而很好地使用科学已遗弃的公式。最后,技术专家可以游离于科学之外,可以从其他技术中寻求帮助,甚至最终求助于无差别的常识模型。

对于自由探索的实践人员来说,科学显得狭隘而且学究气;对于工作方法严谨的科学家而言,技术又显得散漫而没有生命力。这种情况非常自然。区别就在这儿,那些代表性格偏离的两个极端的人是难以调和的。① 但是,联系就如区别一样真实。

---

① 当然,极端功利的气质非常普遍,另外的极端则可能是很少的。可是仍值得举出一例。在化学协会(Chemical Society)50周年纪念(1891)集会上,格罗夫(W. R. Grove)说:"对我而言,只要变得有用,科学对我就不再有趣了。"见《自然》(*Nature*),1891年,第43卷,493页。

首先，存在普遍的逻辑联结。无论何时，只要科学家要设计一个实验，只要他试图把事实置于系统背景之中，他就要和技术专家一样使用同样的逻辑规则。进而，他在为提供信息或指导写一本手册或教科书时，在一定程度上他就成为了一名技术专家。第二，还存在一种可能性，无论是科学的或是技术的，任何长期持续的工作都包含态度的转变。像教授急于向他的学生验证一个科学定律那样，生理学家发明了检眼镜；病理学家寻找某种抗毒素，却发现化学家并没有告诉他所想知道的，于是他卷入纯科学的研究中。① 第三，还有技术本身的需要。任何逐渐远离科学的技术都会不可避免地停滞下来。无论一个技术专家有着多大的批评意向，只要他认识到这一规律，他就会与他的科学同仁共同探讨问题。

因此，尽管存在态度差异，也可能具有相互的理解。尽管存在目标的差异，还是具有常规的关系。如果科学家坚持考虑其中的差异，那是因为他必定只是少数人并且通常（如其位置所包含的）超越了屏障。②

---

① 《尊敬的赫尔曼·冯·赫尔姆霍茨先生在1891年11月2日举行的庆祝活动中的致词和讲演》(1892年，52页)；希尔，作品引用，7页；凯尔文，《通俗讲演录》，1889年，第1卷，232页；1894年，第2卷，211页以下；莫斯，作品引用，第1卷(i)，328页以下。

② "事实是，科学中最有用的部分是为了真理而不是为其用途而调查的。"[克雷弗德，《演讲与论文》(Lectures and Essays)，1879年，第1卷，104页]"自然哲学中没有任何伟大的规律是为了其实际用途而被发现的。但有数不尽的事例，其调查在狭隘的字面意义上看是无用的，而实际上有最有效的结果。"[凯尔文，《讲演导论》(Introductory Lecture)。但是，凯尔文在另一种关系上如达尔文一样，巧妙地维持了一种平衡，以便他在别处能作出与其自身陈述相异的声明。见《通俗讲演录》(1889年，第1卷，79页)。在这两个事例中都有指导性]。参看普恩加莱，《科学基础》，1913年，279页、294页、363页。

§13. 概　要

　　这样我们又回到了出发点。这一概略的结尾与其出发点一样,科学家不同于大多数人,他只是自然的仆人,不像大多数人那样是自然的解释者。实际上,我们可以看到解释根本与他无关:在开始工作之前,他必须把意义去除;在工作过程中,也不能渗入意义的成分。他是无私的、非个人的,把自己变成自然事实的一部分;他进入纯粹存在的领域,他与事实交流的手段是观察(observation)和遵循(observance)。

　　从自然之仆转向自然本身,我们可以发现,科学事实并不必然意味着它是门外汉所希望的一眼就可全部看清的自然景观。相反,人们总是从特定角度观察现实世界,因此,科学总是一门特定的科学,或是物理学,或是生物学,或是心理学。换句话说,事实只不过是自然存在的某些侧面或某些方面。

　　接着我们考察了人与自然的关系,并指明科学的一般和特殊方法都是观察。由于要观察的现象复杂而难以捉摸,由于人的能力各有所限,因此观察并不容易。因而科学求助于实验,实验可以延长观察的时间,排除干扰和不相干现象,允许环境的变化。实验,一种有利条件下的观察,只是一般科学方法的简单延伸。但是促成并安排有利条件则是应用逻辑的事。为了设计一个实验,科学家必须回到他为了观察而主动否认的意义世界中。这是科学与逻辑的第一个矛盾。

　　接着是第二个更为激烈的矛盾。观察的结果是直接获得"经验",如果把这种经验知识加以组织和社会化,就必须把它转化成

"理论知识"。我们没有讨论转化的原因,实际上,按我们的想法,认识到科学已成为一种社会制度(social institution)就足够了。但是,我们显示了转化工作是由逻辑来完成的,并且涉及所有的逻辑过程模式。在这一时期,把合乎某一特定学科的模式放在一起,作为"科学方法论"的准则。在科学系统中,逻辑连接着事实,甚至可以作为假设走在事实的前面。由于这个系统是我们首先通过观察而获得的事实知识系统,因此,逻辑既不能侵害事实或给事实染上其他色彩,也不可能作出与之背道而驰的结论。

于是我们从抽象的科学禀性过渡到科学家的具体活动。这种活动也把我们引导到与艺术、宗教、哲学有关并对文明作出特殊贡献的常规科学上。我们发现,一般术语所陈述的常规科学的职责是把观察的事实以其固有顺序转化为有关知识,使之处于社会控制之下。具体地说,这一问题可以分为两个方面的问题,分析与综合,其中分析从逻辑上、时间上相对领先。较简单形式的综合与分析互相补充,它还拓展到分类操作和形成科学规律中。我们进一步发现,为了强调科学体系的基本要求——逻辑组织不应该歪曲事实,科学家用一个术语总结了这种多样化的整理与归纳工作,这一术语不断提醒我们牢记科学的由来。他们说,科学的职责是描述,明智的描述最好能保证脑力的节省。

但"描述"这一名称不但意味着忠于事实,而且意味着仅仅局限于事实。它要我们避开应用和解释。我们遵循了这一建议,并且发现,科学和技术的区别是由初始态度的不同导致的。然而,如果能清楚地认识到这一初始态度,就不必对之进行协调了。

于是,到此为止,探讨可以告一段落了。我们寻求一个科学的工作概念,而不是定义。我们尝试揭示,作为一种思想框架、作为一个人的使命、作为一种社会制度,科学家自己是怎样谈论科学的。在探索过程中,我们常常涉及科学的教训和实例。既然我们已在这个广阔的世界中找到了方向,一般而言,关于科学无论我们学到了什么,都可以在科学心理学的特定领域开始我们正确的工作,并且为了指导我们自身,也是为了检验不同的观点,而在这一特殊的心理科学领域继续工作下去。但是,如果我们略微推迟这一转变,以便能简要地考虑一下科学之间的相互关系,以及先前阐述的某些推论,那么,也不算是浪费时间。

§14. 统一性

正如我们所看到的,科学的职责是以尽可能简洁的方式描述理象。如果存在一个简单却包容一切的公式,它的解释可以逐步引导我们回到知识赖以出发的各个事实中,那么用它去理解整个科学主题,似乎就能达到科学的目标。让我们接受这一推断,并进一步接受自然界统一性的假定。如果自然界真是统一的——科学似乎有权力作出这个假设,当然它也已经作出了这个假设[1]——我们难道就不能有更进一步的要求吗?我们渴望这一时刻的到来,尽管这一时刻遥遥无期。那时,各门科学的描述都被概括为综合全面的公式,所有这些综合全面的公式将

---

[1] 这个最有权威性的章节在穆勒(Mill)的《逻辑》(Logic)中仍有争议,可以阅读在《哲学、心理学词库》(Dict. Philos. Psych.)中的皮尔斯(C. S. Pierce)的艺术"统一"(Uniformity)。值得指出,在我们自己的讨论中,技术在借助很多科学的同时,预先假定相关学科的一致性。当然,把经验转化为理论知识的逻辑保证了论述的整体性。但是如果事实自身不能证明其先决条件,逻辑也就没有什么价值。

自行聚合为一个单一的一般公式。毫无疑问,这是一个理想,但它不也是一个科学理想吗?

在探索这些问题时,我们最好一开始就提醒自己,所有现代科学的统一性只是规律:不是整个科学的规律,而是某种独立的特殊科学的规律。让我们通过实例来看一下伟大的能量守恒定律。这一定律是对物理现象的概括,并在整个物理学领域被物理学家认可。在其他事物中,比如对"生物有机体"方面也是一个有效的概括,"在我们自己的身体以及潮汐、瀑布、熔炉中,都可以看到能量守恒定律。它不仅是无生命世界的规律,也是有生命世界的规律。"①但它不是生物学或心理学规律,它是物理学规律,而物理学家根据他的观点看到的只是物理学的一面。能量守恒定律遍布于物理景观中,"生物有机体"(living organisms)只要出现在该领域,相应地便以物理聚集体即物理能量交换所在地的形式出现,它们不会也不能显示出如同组成生物学题材的生物有机体特性。如果说这一定律曾用于"心理",那么在这里所描述的心理就同样也是物理聚集体,可以从物理的角度看,与心理学的"心理"是两码事。如我们所知,科学由观点各异但主题相关的特殊学科组成,只要这种事实状态存在,科学规律就只能在特别局限的范围内适用。"如我们所知道的,科学的概念,或者我们所常常说到的自然规律,并不是对整个自然界而言,但是……不可避免地与有限的部分及事件有关。"②这就是现实的情况。

---

① 谢灵顿(C. S. Shellington),《科学方法讲话》(Lectures on the Method of Science),1906年,66页。
② 莫斯,作品引用,第3卷,610页。

现在让我们看一看单一的科学。毫无疑问,有关现实世界的每种科学观点从其特殊出发点来说都是有关整体的观点。① 对于只能看到物理方面的物理学家,其视野是完整而自我包含的、能够形成组织和系统的物理整体;同样,对于生物学家和心理学家,它也是生物学或心理学的整体景象。从历史和逻辑角度看,探索这部分内容非常有趣,对整体的信仰即由此编织而成。但我们目前的兴趣只是在这个问题上:本章中所作出的科学概念是否允许我们接受这一信仰。答案看来是明确而又肯定的:尽管对它的辩护需要无限期延长,但我们能接受它。我们可能寻求包容一切的公式。实际上,物理学已经作出了勇敢的尝试,用能量术语为自己写了一个这样的公式;这一榜样可能鼓励生物学和心理学尝试走同一条路。但由于未来的不确定性,由于事实的经常变化,我们将发现我们的努力会受到挫折。

坦白地说,不存在全部科学统一的希望。确凿的可能性似乎证明了:所有生物现象与物理现象相关,所有心理现象又与生物现象有关,② 因此,最终都可以归之于物理现象。这可能是鼓舞人的领域——这也是一个必须留下的话题。总会有些研究者,他们的特殊禀性和特殊洞察力引导他们去探索个别科学或

---

① 詹姆斯,《信仰的意志》,1879年,299页。

② 由于机械论(mechanism)与生机论(vitalism)之间毫无结果的争论,这个结论赖以成立的事实体系日益导向错误的逻辑观点,例如,汤姆森的《科学导论》显示出一种令人困惑的焦虑,惟恐生物学被物理和化学所吞并(见48页、183页等)。但是有关物理、化学的读物一定是用物理、化学术语写成的读物,无论物理学家看到了什么,他都从物理学角度描述它。生物学家显示出他有不同的立足点,并且从这个新的立足点看到了新的事实,发现了存在的新特点,他不可能说服物理学家。很不幸,事实上,物理学家不理解生物学一样,正像物理学家和生物学家不理解心理学一样。然而,重要的是,他要使自己信服,并且作为信服的结果,他要形成并非物理学手册中所有的事实和推断。

整个科学的统一性。科学的历史告诉我们,他们的探索,即使被证明是不成功的,也不会是徒劳无获的。同时,自然统一性作为方法论的先决条件,对过去和现在的常规科学来说都是必不可少的,并将一直保持到科学进步本身证明它是站不住脚的时候。

然而,即使我们假设,科学已经是统一的,我们已获得现实世界的单一复本,一种复合照片式的公式,我们所有的基本观点都在其中得以协调,我们所有的不完全的统一性都组合为一体,我们仍不能对人类经验世界作详尽无遗的研究。存在(exsistence)不能适当地表达经验。因此,如果"世界"一词是严格意义的,那么我们无权谈论现实世界。① 我们假定,科学所做的一切必须是有价值的;它们彼此整合,然后追随存在和价值(value)作最后的整合。所有这一切都是哲学的任务,而不是科学的任务。只是,无论路有多远,科学家应该记住,他自己的世界至多只是人类经验的一幅不完整的片面的图景。

§15. 教育中的科学

如果这些综合的考虑有点使我们脱离实际,我们的推论会把我们重新带回现实。第一个推论是:在教育中,存在一种迫切的要求,教学要能使学习者对科学的性质有基本的了解。事实上,只有极小部分儿童长大后成为科学家并取得成就。但考虑到科学在现代文明中起了越来越重要的作用,我们肯定同意,

---

① 皮尔逊的论断——"科学材料同世界的全部生命一样久远,无论是物理的还是心理的"——从形式上讲是正确的,但它也能导向错误,除非"生命"被"存在"看成是有资格的(作品引用,12页、15页、24页)。皮尔逊反对形而上学和哲学方法,但他似乎承认(比如,17页),无论如何都存在一种真实行为,它有别于科学行为,等同于法律行为。

每个儿童至少应做几次第一手的观察,并且以基本的方式进一步理解什么是观察,观察意味着什么。事实上,科普工作常因过于强调目标而失败。科学带头人为门外汉写作在各个方面都具有优势,理科学生通过其陈述的清晰性和简洁性而受益,并且科学的感染力带给未受训练的头脑在别处不能发现的东西。但一般读者极少考虑这一点,他只是对科学的附属品感兴趣:探索过程中的冒险、导致实验成功的长期的尝试错误过程、结果引起的争论、对世界的好奇和惊讶、实际应用的承诺或结果;而对文章的核心,即科学本身,却是无知且不善于接受的。①

近年来,人们趋向于将事物的这种状态归罪于科学家。人们不断地要求,科学要从理论的云端走下来,不要过于学究气、过于孤僻,要与用途相联系,与日常生活中的现实取得更加密切的关系。但是,这一类的批评误解了科学的处境。科学无法选择应该干什么和不应该干什么;如果它努力这样做,它就不再是科学了。挫钝科学的锋芒等于自杀行为。我们的任务是使即将到来的一代人对科学有一个基本的掌握,而不是让科学下降到不幸没能接受科学训练的一代人的水平。没必要忽略科学的附属品,但基本的东西必须千方百计地加以介绍:观察、尊重事实、试图作出简单的推测。我们有事实表明这些事情可以做到,科学家应该着手去做。

---

① 皮尔逊提出:"像达尔文的《物种起源》和《人的遗传》,莱尔的《地质学原理》,赫尔姆霍茨的《音调感觉》或高尔顿的《自然遗传》这些著作,即使是那些在著作中所涉及的特殊科学领域未受特别训练的人,也能读之有益,并可理解其大部分内容。"(作品引用,第 2 卷)多么善意的劝告! 阅读这些书需要时间和不断的努力,如果开始了阅读,就有可能在读正文前就结束,并且作者以明显的科学手法触及其主题时畏缩不前。对于科学家而言,既明白易懂又逻辑上一致的作品,对于没受过训练的读者就不一样了。就在开始论及科学之处,读者的理解力遭受了挫折。

我们的第二个推论也是有关教育的。在各所学院和大学中就读的理科学生不仅应该学习科学的事实和科学的逻辑,而且应该学习科学的历史。迄今为止,思想史是哲学的主题,科学大多数只局限于实验以及由近来的教科书所提供的分类。但是,除了隶属于人类历史的文化价值外,以科学的观点去认识思想是怎样对待事实的起源、后来的事实与思想又是怎样更改了人类关于自然的最初读物,也是有好处的。如果我们更好地熟悉前辈们的工作和他们生活的智力环境,我们的科学概念就会显得更清楚、连贯,我们就能更精确地运用科学术语,我们的科学思路就会更加有条理。

课程已经太多了,以至于我们会怀疑:尽管课程设置是第一步,但是专门设置科学史课能否有所获。因自身禀性而对此类事物感兴趣的学生,可能选择这类课程,而一般学生则不会。真正需要的是,科学要有历史的自我意识。如果我们所有的科学教学都注入历史精神,如果从历史角度显示实验、规律,技术术语是一件想当然的事情,那么就没有必要进一步争论科学学习的文化价值,较好的教育方法将显示教学双方都有良好的反应。

这两方面的改革都不会开创太平盛世,但都会有所收获。对教育化的社会非常不利的是,目前它仍分为两大阵营:科学阵营与人文阵营。第一个改革有助于使两大阵营成为一体。由于规定的观察练习应该是多种多样的:物理的与化学的、生物学的与心理学的,因此,它还有助于消除现存的科学等级安排,为真正的科学民主铺路。而且它还将有助于理解科学在方法论上是一个整体。第二个改革将在划分科学和哲学的断层上架起桥梁。如今,有头脑的科学家对技术哲学不满意,他们提出了自己的哲学;而以技术武器装备起来的哲学家则批判和攻击他们,贬低其成果。如今,没有受过观察训练、对科学家视为宗教的事实毫不尊重的哲学家,贬损科学,为科学提供指导原则,心怀怜悯地嘲笑科学的临时性结构;而被激怒的科学家质问道,形而上学又带来了什么积极的后果呢?确实,我们不能给哲学制定规律,但如果我们能保证理科学生熟悉人类思想史,我们至少可以从这一方面消灭差不多是智力耻辱的东西。

§16. 科学心理学

现在我们终于做好准备,可以科学地探讨科学心理学的基本问题了。当科学的概念逐步明确并能作出清楚有力的表达时,这种探讨的必要性已十分明白;当我们顺着本章的争论得出结论时,探讨的必要性受到新的重视。

实际上,没有哪一门得到公认的科学像心理学那样,其地位与关系如此不确定,性质多变,并且存在如此多的争议。心理学的名称出现在所有分类纲要中,但它所处的地位却令人惊讶地不同。对培因来说,心理学差不多与逻辑学和数学等同;对斯宾塞(Spencer)来说,心理学则处于这个系统的另一端;对冯特来说,心理学站在真正的思维科学的前沿,正如动力学站在自然科学的前沿一样;对皮尔逊来说,它只是生物学的一个分支。如果这些分类所包含的科学都是同质的,以至于任何科学的规律和事实都可以与其他科学正式互换,那么情况尽管令人迷惑,这些差别也就无关紧要了。然而不幸的是,事实并非如此。

的确,很早以前,休谟就通过与重力作相关类比,得出了与物理规律相并列的心理学规律。但是,他比较的领域是一般的"吸力"(attraction)观念。当物理学已从那种神秘主义中解脱出来的时候,出现在大众头脑中以及许多心理学教科书中的联想规律(the law of association of ideas),仍是休谟时代的产物——一种应用规律,一种单凭经验来做的方法,一种解释性而非存在性的公式。无论如何,休谟的态度比斯宾塞的态度更接近科学。当斯宾塞直截了当地把心理学归于具体科学一览表上时,有保留地把主观心理学看成这样的一种知识体系——"完全独特的,……独立于、对立于任何其他科学";甚至,我们必须假定,它是借助那样的逻辑发展的。实际上,其地位与关系如此被定义的心理学在科学范围之外。①

其次,也没有哪一门科学像心理学那样遭受过对其问题和方法的误解之苦。心理学的观察不断地与道德评价混淆在一起,不仅报纸刊物、文学作品,而且承认科学精神的著作也把"内省"作为自我评价、行为判断,以及阐述"动机"的手段,以至于"病态的内省"(morbid introspectien)一词对我们来说已经变得像"感情脆弱的伤感主义"(mandlin sentimentality)或"机敏的常识"(shrewd common sense)那样熟悉。并且,尽管我们讥笑詹姆斯·穆勒把墙的观念"分析"为砖、泥灰、方位和数量的观念,恐怕比起其固执来,我们更是讥笑其结果的粗糙简单,②我们真的清楚穆勒是把关系的分析和逻辑阐述混在一起了吗?我们

---

① 培因,作品引用,25页以下;斯宾塞,《论文》(Essays),1891年,第2卷,92页(表格)、100页、105页;冯特,《哲学研究》(Phil. Studien),1889年,第5卷,43页、47页;皮尔逊,作品引用,526页。

② 穆勒,《人类思维分析》(Analysis of the Human Mind),1869年,第1卷,115页。

仍然可以教每个中学年龄的正常儿童区分事实和意义,正如我们可以教每个儿童从心理学角度观察一样。

　　最后,再也没有哪一门科学比心理学更需要历史的观点和历史的评论了。因为心理学作为科学必须尽力解决的有名无实的问题,很大程度上是从前科学的历史流传下来的。我们的教科书讲到了知觉的心理学和思维的心理学,并通过正式宣布心理学当然与认识论无关来捍卫自己[有鉴于他们的说明性术语充满了哲学指导,并被一般读者吸收,因此,这些术语即使不是与充满活力的哲学有关,至少是与作为常识永存不朽的过去的哲学有关]:我们不能挽回过去,但我们能防止由于对过去的疏忽而招致的失误。历史的观点加上详尽、科学的工作概念,必然指引行进的方向,且能保障那些正确理解心理的事实和规律的过程。

第 二 章

心理学的定义：观点

§1. 定义一门科学

我们断定,当一门科学发展到一定阶段时,就可以通过观点,或者相关的题材,来描述这门科学的特性;当相关的术语都得到确定时,我们就能对这门科学的特性进行充分而又精确的描绘。按照前一章的观点,如果心理学是一门科学,那么,它面对存在的万事万物(the existential universe)必须有特殊的观点,必须在存在的某个特殊方面发现特殊的题材。现在,我们就来探讨一下心理学能否满足这些要求。

为了描绘一门特定的科学,我们需要把它放到与其他科学的相互关系中去考察,这门科学的特殊观点与题材必须与类似的观点和题材区别开来。目前,在我们对科学的一般讨论中,还没有尝试去确定不同的独立学科的数量,或者去解释获得独立学科地位的有关知识体系有何意义。如果心理学被看做是一门科学,那么,我们只是在这样一种不言而喻的假设基础上进行科学研究,即物理学、生理学和心理学是三门典型的或者有代表性的科学。我们可以在同样的基础上稳妥地继续我们的研究。就科学知识的实际水平而言,把这三门科学减少为两门也是无可争议的。如果我们能够在客观存在的范围内恰当地区分这三门科学,那么,其他许多学科就会围绕在它们周围。因此,出于对心理学的考虑,我们的直接任务便是对这三种观点和相应的三种题材,作出适当的解释。换句话说,就是要按照心理学与物理学和生物学的关系,来对心理学作出明确的区分。我们将在何处寻找这样的信息呢?

我们在开始阶段所批评的,目前对科学问题的冷落,只是象征性的。这些我们似乎最需要的材料,给我们的帮助甚少。确实,科学教科书的作者习惯用固定的术语对文章的主题下定义,以此开始本学科的讨论。然而一般说来,这种习惯只是一种草率的行为,提出的定义只是通向科学的一种形式上的口令,一种词源学或传统的事物,既缺乏约束力又缺乏说服力。依照他们的观点,科学的历史很少逾越历史记载的水平。他们告诉我们有关伟人及其他们的伟大发现、已形成的规律和已被接受的假设,却很少提及科学之间的关系,不管是一门科学与另一门科学的关系,还是一般的理性活动与那个时代的关系。① 为了达到受欢迎的目的,在介绍科学时,他们往往从概括性陈述过渡到具体

---

① 见塞奇威克(W. T. Sedgwick)和泰勒(H. W. Tyle),《科学简史》(*A Short History of Science*),1917年。这本书在许多方面是好的,但没有关于科学的定义。这本书没有任何部分或章节论及心理学,虽然心理学被认为是帮助确立了"人类的遗传"(desent of man)。在文献和索引方面,对心理学无任何参考价值。

的事例,而忽略了定义的内涵。我们怀疑他们的原理的根据,他们的分类已被证明是毫无价值的。当然,从形式上看,他们的问题与我们的问题是相似的。实际上,对于彻底的个性化来说,他们的问题范围太大,其证据包含太多的异质成分;他们给人留下人为的印象,就像《力的巡视》(*Tour de Force*)中的一些具体内容一样。① 因此,夸张一点说,这实际上是声称这种种资料对我们毫无用处。事实上,他们不是通过表达对我们需要的认识及其对满足这种需要所做的明显的努力来帮助我们,而是通过建议和暗示来帮助我们。

我们必须扩大我们的研究范围,而且,我们会找到我们想要的东西。严格说来,我们对哲学和科学自身这两个方面都没有直接要求的权利。哲学只是从外部看待科学,然而仍有一些哲学家,像阿芬那留斯(Avenarius),带着对科学的共鸣感(sympathetic understanding)来描绘科学;虽然科学只是从内部来观察自己,可有些科学家,像马赫(Mach)和冯特(Wundt),却能超越他们本学科的特殊性来理解科学的客观世界。我们必须补充的是,科学家符合逻辑的冒险精神比哲学家的科学理解和共鸣的精神要平常得多。正如我们所看到的,科学体系已经建立起来了,这一体系的建立是通过逻辑推理性和严格的科学禀性的结合来完成的。因此,当科学家们成功地在他们自己的领域内应用他们的逻辑规则后,他们会尝试着超越本学科的束缚,希望这些规则有更广泛的应用范围。另一方面,哲学家们一般不希望

---

① 斯顿夫(C. Stumpf)的《关于科学的分类》(*Zur Einteilung der Wissenschaften*)(1907)是一部有价值的书,但它的价值与其说在于分类所依据的原理和由原理引出的结果,还不如说在于伴随分类工作出现的反应和批评言论。

在对等的术语上与科学家们相遇,因为他们没有什么特殊的准备。

不过,我们必须在科学领域内对这种区别加以补充。我们必须明白,逻辑上冒险的诱惑不会给予三种典型学科相同的压力。至少物理学家感受到的压力较少:一部分原因是因为这门科学一百多年的历史,多方面的成就带给他们自负感;另一部分原因是因为众多的物理学假设已从逻辑目标的束缚中解放出来。心理学家则感到较多的压力,一方面因为学科年轻,使他们唯恐失掉科学的名声;另一方面因为心理学刚刚从哲学中分离出来,从而使心理学家保持一种合乎逻辑的自我意识。① 物理学教科书上草率的定义使高年级心理学学生感到吃惊,而心理学教科书对一些原理所做的详细的讨论,如果学物理的学生读到它们,其吃惊的程度丝毫也不会少。严格说来,物理学家在此有更多的理由。一门科学,并不一定要使自己的基本观点和题材(subject-matter)具有自己的特性,它只是被动地接受某一观点,然后从这一观点出发去解释它范围之内的任何事物。因此,也许值得庆幸的是冯特在他著名的心理学著作中,花整整一节来讨论心理学与自然科学的关系,然而我们却不能使这样一部分内容恰如其分地归属到一本科学手册中。同时,人们告知物理学家,不要提出太尖锐的观点。事实上,人们一向反对写介绍性的定义,但对规则或公式的阐述,如果是以深思熟虑的讨论为

---

① 这种区别已成为一种同时存在的事物的一部分。这种同时存在的事物,至少具有三种其他的相互联系的特性:如果从哲学方面考虑,物理学家倾向于形而上学,心理学家倾向于认识论。物理学家比心理学家具有更强烈的宗教传统观念[利巴(J. H. Leuba),《信仰上帝与永存不朽》(The Belief in God and Immortality),1916 年,第 279 页],物理学家对"心理研究"中难以预料的变化负有更多的责任。

基础,则显然比空洞的话语要好。

一个似乎有意义的定义也许和胡言乱语差不多,这可从物理学中找出一些例子来说明。从生物学中找出的例子也同样说明了,由于争论的诱导,合乎逻辑的探索可能改变了正常的方向。证据之一便是,一方面,我们当前的任务是不必要的;当我们为了心理学试着去做一些事情时,另外一些证据也许是很有帮助的。

§2. 物理学的定义

在凯尔文(Kelvin)的早年生涯中,当有人问他物理实验的目的是什么时,他回答道:"去探索物质的特性";"物质特性"这一短语,就像一首诗歌的叠句一样,始终贯穿在他的讲演中。① 如果他曾系统地阐述过物质定义,我们因此会认为他的物质定义是深思熟虑而得出的结果,而且在逻辑上也是无懈可击的。因此,我们认为他的物质定义是按照穆勒(Mill)的准则来构建的。而这是要通过列举基本的特性或者"物质"这一术语所蕴涵的特征来实现的。可我们没有找到这类东西,在汤姆森(Thomson)和泰特(Tait)的论文中只有如下一段相关的话:

当然,我们不能给物质一个使玄学家(metaphysician)感到满意的定义,但博物学家却很高兴地把物质看做[能通过感官感觉到的,或者是能通过施加压力而起作用的东西。]不管是后者,还是前者,这些定义都牵涉到"力"

---

① 汤普森(S. P. Thompon),《威廉·汤姆森的生活》(*The Life of William Thomson*),第2卷,1910年,1016页。

(force)的观念。而实际上,这只是一种感觉的直接对象。从我们所有的感觉来看,当然是"肌肉感觉"。在物质的特性这一章里,我们将进一步讨论这个问题:"[什么是物质?]"而且我们将在适当的时候讨论"力"的主观性。①

很明显,方括号里的一段话并不是一个合适的定义,而只是穆勒所称的偶然的定义,这在科学研究中是比较常见的。然而,实际上他们分别或一起打破了所有定义逻辑的主要规则,这也是显而易见的。如同人们公开指责的那样:解释得比原来更难懂。第一种带来的命名远比要定义的形式宽泛得多,而第二种只是一种语句上的循环。没有必要在细节上深入地考虑这些术语。只要一读到这些定义,就会明白,这些缺点就同它们本身一样,是致命的。②

上述的定义几乎不存在什么逻辑性,学心理学的人感到奇怪,像汤姆森和泰特这样一些著名作者怎么能让它们过关。他也许会寻找借口,认为这些形式是由于对牛顿学派传统(the Newtorian tradition)的虔诚而得以保留的。就牛顿讨论的物质而言,物质是惑知觉的对象,而考特斯(Cotes)在他的《基本原理》(*Principia*)第二版的序言中,实际上是从牛顿力学原理出发提出了物质的定义。因此,汤姆森和泰特完全知道他们将要

---

① 汤姆森(W. Thomson)和泰特(P. G. Tait),《自然哲学论文》(*Treatise on Natural Philosophy*),第1卷,1879年,219页。"物质的特性"一章未写。令人遗憾的是,我们没有证据假设这本书既包含了一种正式的定义,又包含有关物质的不同的特性。

② 穆勒(J. S. Mill),《逻辑学》,第1篇,第8章(*Logic, bk. i, ch, viii.*);杰文斯(W. S. Jevons),《逻辑学基础教程》(*Elementary Lessons in Logic*),1885年,109页;泰特(P. G. Tait),《关于物理科学一些新进展的演讲》(*Lectures on Some Recent Advances in Physical Science*),1876年,16页~346页。

干什么,他们正往牛顿派的旧瓶里装进自己的新酒。① 这是一种可能的解释。或者说,这些定义反映了凯尔文对机械模型,对所看到的结构和感受到的力的偏爱,他说:"直到我能制造出一件东西的机械模型,我才会感到满意。"② 这是另一种可能的解释。也有可能,作者为了强调观察的重要性,超越界限,用可直接观察到的日常生活中经历的常识来确定物理题材。③ 然而,这样的考虑也许可以用来说明隐含定义的术语,却不能成为缺乏逻辑的理由。事实上,也找不到理由。这些作者极力主张,不需要任何理由。泰特评论说:"我们所想要的仅仅是一个定义,这一定义至少不是明显错误的,它会在一段时间里成为很有作用的假设。"④《论文》中的一些定义肯定是不正确的;但它们仍然被用在这一章的开始。⑤ 一门科学再没有更多的要求了,它的自我满足使它不在乎外界的批评。

§3. 生物学的定义

我们的第二种说明来自生物学。在上一章我们引用过《科

---

① 牛顿(I. Newton),《自然哲学的数学原理》(The Mathematical Principles of Natural Philosophy),1819年,第2卷,161页;考特斯(R. Cotes),出处同上,1819年,第1卷,14页;汤姆森和泰特作品引用,6页;马赫(E. Mach),《力学》(The Science of Mechanics),1893年,245页。

② 汤普森,作品引用,第2卷,830页、835页;珀英凯尔(H. Poincare),《科学基础》(Foundations of Science),1913年,6页等。

③ 泰特,《讲演录》(Lectures),6页。

④ 泰特,《物质的特性》(Properties of Matter),1885年,14页。

⑤ 另一种解释是由凯尔文在《知识的六种途径》(1883)(The Six Gateways of Knowledge)的讲演中提出的。这一讲演发表于《通俗讲演录》(Popular Lectures and Addresses),1989年,第1卷,253页。就这个讲演的整体倾向来看,可以说是物理学的,作者努力把感觉和力联系在一起,却导致纯粹的谬论。对伟人进行比较是可恶的,不去比较达尔文和凯尔文的态度也是不可能的。

学导论》(*Introduction to Science*)中的话,生物学家汤姆森(J. A. Thomson)公开否认一门科学可以通过它的题材来界定。他宣布"界定一门科学,不是它的题材,而是它的观点——它问的那种特定问题。云雀在天国的大门歌唱,这可能是物理学、生物学和心理学都研究的经验事实。然而,对物理学提出的问题作出完整的回答,将不能回答生物学提出的问题,更不用说心理学提出的问题。"① 因此,我们可能期望,汤姆森在对他自己的生物学作出界定时,更强调所问的这类问题的观点,而不是对这些问题作出回答。

相反,我们发现,在汤姆森的文章中,生物有机体(living organism)描绘得很像上面引文中的云雀。我们可以从各种不同的观点去仔细思考一般意义上的生物有机体,就像我们可以在特殊意义上思考云雀问题一样。比如,如果我们从化学家的角度考虑它,我们就会发现蛋白质和其他一些非常复杂的物质产生相互作用。如果我们从物理学家的角度看,我们就会看到一台高效率的发动机,一台适合于转化物质和能量的机器。然而,如果我们从生物学家的观点看,我们就会注意到成长、循环发展、有效的反应和一致的行为。② 这是汤姆森所教的,在此,我们无须对他的教诲提出任何反对意见。③ 我们只要分析一下就明白,这些说法只不过包含了化学、物理学和生物学早已提出的问题的答案。生物有机体理所当然被看做日常经验的"事实",假定各门科学都要去认识它,去提出问题,反过来又记录答案,那

---

① 作品引用,54 页。
② 汤姆森(J. A. Thomson),《自然经典》(*The Bible of Nature*),1908 年,97 页。
③ 反对评论"机械"或"机器"属于工艺学上的,不属于科学范畴!汤姆森本人的确知道这一观点,作品引用,101 页。

么,这些问题是什么?第一个问题,即《科学导论》的问题,一定是确定问题的类型,这些问题是向现实世界提出的,揭示和保留了生物有机体。换句话说,描述观点要把生物有机体看做是生物学的特殊题材。在基础工作中坚持讨论的这一基本问题,却在作者的大量论文中被删掉了。①

这是令人失望的。我们必须找出失望的原因。这就使我们想到赫胥黎(Huxley)为大不列颠(the Britannica)写的关于生物学的著名文章。赫胥黎强调,该记住的是,生物科学和物理科学都应该研究物质,生物学研究活的物质,物理学和化学研究没有生命的物质。他发现有生命的物质的三个明显的特征:化学成分(蛋白质)、光合作用(生长现象)和周期变化的趋势。他还对此补充道,更进一步说,这依赖于水分、热量和一定的结构或组织。② 毫无疑问,当汤姆森从物理学、化学、生物学等不同的观点来描述生物有机体时,这一览表是出现在他的脑子里的;当他把有机体的特性重新分配给不同的学科时,这意味着他否认和修改了赫胥黎的机械观点。他坚决维护生物学的独立性,却并不表明生物学拥有与物理学和化学不同的观点——也就是,只有生物有机体才是看得见的观点——当他与对手逐渐逼近,与他们就逻辑水平进行争论时,就直接显示出有机体对三门科学意味着不同的东西,特别是具有某些"超越了机械的描述的基本特征"。此时,他感到满意。我们所期望的一般讨论就这样在生机论(vitalism)和机械论(mechanism)的争论状态中失败了。

---

① 《生命的科学》(*The Science of Life*)一书参考了《自然经典》一书,一些问题被看做具有"现代生物学态度"的特征,而这些实际上都是生物学内部的问题,直接指向"特定的"有机体。

② 《大英百科全书》(*Encyclopaedia Britannia*),1875年,第3卷,679页;1910年,第3卷,954页。赫胥黎说:"一团活的细胞质,只是一个非常复杂的分子机器。"

然而同时，我们也对通过基本观点来确定生物学的特点失去了希望，转而用题材来确定其特点。我们不加评论马上接受的一系列特征，显然成为穆勒（Mill）感觉上的一种定义。然而，如果我们进一步观察，作者的逻辑在这儿似乎也已适应了矛盾的意图；这四种特性，不仅因为它们与生物学的适应，而且还因为与物理学和化学的对照而著名；这种定义为生物学的独立提出了一个借口，同时也表明了"有机体"这一名称的含义。① 但我们得到了一个还说得过去的、有用的公式。作者对题材的处理相当重视，而这一点在汤姆森（Thomson）和泰特的著作中是感觉不到的。

§4. 冯 特

上述两种情况（即物理学的定义及生物学的定义）以各自的方式告诫我们，调查它们在怎样的程度上可被看做代表了物理学和生物学过程与我们的目的无关。确实，我们只是用它们来建立心理学的发展阶段，在下面的讨论中它们自然会起最主要的作用。

我们将会看到，不论是观点还是题材，心理学都有许多东西可讨论。对于物理学同事的无忧无虑，心理学家无可奈何。另一方面，心理学家也没有生物学家的担心和希望：生物学总有一天要被物理学吞并；现代物理学的独立成长已经暗示和保证了心理学的独立性。心理学家的目的和愿望，仅仅是使心理学

---

① 参看《自然经典》，103 页、106 页。

在科学中的地位合法化,以证明作为一门科学,它在各个方面都有独立的地位。因此,我们想到发生在冯特身上的例子。就像我们已指出的,他在自我意识上是科学的,而且在他的书中也显示了自我意识。他一遍又一遍地描述定义问题,既富建设性,又有争议性。他认识到危险潜伏在形式中。如果没有指导,心理学必须冒的风险就暴露出来了,那他还是比较乐意去冒险,去接受它的过去和哲学的现实存在对它的明显的、非科学的影响。冯特有权利要求人们尊重他的意见,因此,我们可以阐述他已得出的结论来开始我们的讨论。①

通过改变有关次要问题的观点,冯特坚持认为心理学与自然科学不同。这不是某一个特定题材的不同,而是观点的不同。为了使这一基本观点具有自己的特点,他从人类智能发展的历史,把我们带到一个朴素的、不加思考的直接经验中。这种最初

---

① 这些结论是在各种书籍和论文中提出来的,查看一下出版日期和最近的版本是重要的。首先,参看《生理心理学》(Physiol. Psychologie),1903 年,第 3 卷,677 页,特别是 761 页。在 1911 年,第 3 卷 665 页及以下的这部分重印了,而实际上毫无改变,也曾以《自然科学与心理学》(Naturwissenschaft und Psychologie)为题出版,还可以阅读 E. 墨伊曼(E. Meumann)的《评论》(Besprechung),《普通心理学文献》(Arch. f. d. g. Psych.),1904 年,第 2 卷,《文学家》(Literaturber),21 页和冯特的文章《经验主义和形而上学心理学》(Ueber Empirische und Metaphysische Psychologie),出处同上,333 页以下;进一步可参阅:《哲学的体系》(System der Philosophie),1907 年,第 1 卷,特别是 76 页,138 页,155 页;《逻辑》(Logik),1906 年,第 1 卷,408 页、448 页;1907 年,第 2 卷,89 页;1908 年,第 3 卷,243 页、260 页以下。参阅近来的两篇论文:《朴素的批判现实主义》(Ueber Naiven und Kritischen Realismus)和《心理学的定义》(Die Definition der Psychologie),这两篇论文在《论文集》(Kleine Schriften)一书中,1910 年,第 1 卷,259 页;1911 年,第 2 卷,113 页[最初发表在《哲学研究》(Philos. Studien),1896 年,第 12 卷,307 页以下,和 1895 年,1 页以下]。对这一体系(第一版)的评论性研究参见福克斯(J. Volkelt),威廉·冯特的"哲学体系",载《哲学月刊》(Philos. Monatshefte),1891 年,第 27 卷,257 页以下等。H. Lachelier 对冯特的观点做了清楚的描述,《冯特的形而上学》(La métaphysique de Wundt),《哲学评论》,1890 年,第 29 卷,449 页以下、580 页以下;E. 柯尼希(E. König),W. 冯特:《关于哲学和心理学》(Seine Philosophie und Psychologie),1901 年,50 页以下,R. 艾斯勒(R. Eisler),冯特《哲学和心理学》,1902 年,29 页以下、84 页以下。

的材料,认识的原始内容,他称之为观念的对象(Vorstellungs objekt)。我们不仅要注意这种复合词的数量,而且要注意这些词的组合方式。观念的对象是全部,也是唯一的对象。这其中没有涉及主体。然而,它是一种类型的对象,也就是一种知觉的对象,或者用冯特的专门术语来说,就是观念的对象。换句话说,一个物体所有的特性都属于观念。在最初阶段,我们的观念实际上就是对象本身。客观存在的特性是不会附加于我们最初的主观思想之上的,但从开始到现在,它都是内在的。因此,它能从后来的逻辑抽象过程中分离出来。

最后,在冯特详细探索和评价的动机,即经验上固有的动机命令下,朴素的知识已让位于思考的知识。主体与客体之间,此时是有区别的,作为一种经验内容出现的观念的对象,既是客观的,同时又是主观的。因此,两种观点对研究者都是可能的:他可能把观念的对象(object of idea)看做与独立的现实中的主体相反的客体;或者,他把它们看做观念,看做一种特殊类型的主观经验。科学工作的划分必然把这些观点划到不同科学中,一种是自然科学的,另一种是心理学的。

自然科学将自己局限于研究客体,偏离了任何主观的东西;它所选择的观点使得主体和一切属于主体的东西都排除在视野之外。正如科学史所表明的,这种观点并非一下子就完全形成,而是由于自然科学自身的权威作用,通过应用"充分理由律"(law of sufficient reason)确立的。根据这一定律,科学通常使用否定形式,当主观思想把不一致或矛盾带给客观自然现象的科学表现时,所有的事物都应该被抛弃。于是,自然科学一直遭到否认,直至最终不得已被限制在一定空间和时间内所发生的事件、众多不同的运动和他们的相互关系之中。这样一个领域，其构成成分不是整个经验的现实，而仅仅是主体进行基本抽象后所表现的现实，因此不能直接了解，必须进行理性建构。自然科学的"客体"是概念，而非直接经验。

也许有人会认为，现在，心理学作为自然科学的补充，起一种类似抽象概括的作用，从而也就要求同样的概念特性。但事实并非如此。心理学的确把观念的对象看做观念，看做一种特殊类型的主观经验。但我们必须记住，在思考之前的认识阶段，我们的观念是客体。因此，心理学观点所揭示的观念，不仅是一种"智力过程"（intellectual processes），也是这些过程所倾向的"客体"（objects）。所有的客体最初都是以经验形式出现的。换句话说，这些观念是特殊的主观经验。在这些经验中，我们把客体放在与主体知觉的内容相对的方向。到目前为止，心理学与自然科学的区别在于，它完整而又直接地处理经验。

此外，还存在更多的不同，因为心理学的范围比较广，其观点也就较为广泛。自然科学局限于观念对象的客观方面。但观念的对象是知识的原始资料，而不是一般的直接经验。情感、情绪、欲望和意志，同观念的对象结合在一起，构成直接的经验。或者，更准确地说，直接经验最初的整体，可能被分析成为各种不同的组成成分，这一分析是通过逻辑抽象来完成的。如此说来，心理学不仅涉及观念，也涉及情感和意志。因此，它不仅看到经验整体，也看到经验的方方面面。它的知识始终不是概念性的，而是直接经验性的。

因此，我们可以简要地说，从观念对象的某些抽象方面来考虑，自然科学以客观的、间接或概念的知识的连贯系统为目的，逐步建立起"外在的"经验。而心理学是以主观的、直接的或"知觉到"的知识的连贯系统为目的,通过包容所有"观念对象"的特定方面和直接经验的类似方面,逐步建立起完整的内部知觉和外部知觉。最初的题材是相同的,但自然科学的态度是需要抽象,而心理学的态度却是避免抽象。

为了不习惯哲学专有名词的科学读者,冯特补充了一些我们也许能很好地重复的评论。他提醒我们,与客体和自然科学所做的抽象区分开来的主体,是心理学上的主体,而不是认识论的认识主体。心理学假设的"知者"(knower)和自然科学假定的知者是相似的。

§5. 因果论与目的论

按照冯特的分类方案,心理学在原则上仍然是一门完整的科学。实验心理学毫无间断地转化为"集体心理生活的结果"的心理学,这当中没有观点的转变。另一方面,自然科学分为三种。同等的科学,"其内容由不同的基本观点决定,这些不同的观点是通过对物质领域的观察而得到的"。物理学涉及一般的或普遍的物质特性,化学涉及特殊的特性,这些特性迫使我们假设自然现象的物质底层中有特殊的差异。生物学把物理学和化学的原理应用于有机体,就是说,应用于某些自然起源的物质聚合,它的目的论结构类似于"机器"。因此,生物学的立场是结局或目的论的立场。

但这一说法并不完全意指生物学有求于我们通常所谓的"最终目的"(final cause)。在冯特的体系中,"目的"一词有特殊的含义：它是"原因"(cause)的反转，"原因"的对立的相关物。因果关系(causation)是前进的和不含糊的，因此，当我们从明确的前提前进到明确的后果时，我们说到原因和结果。目的论是后退的和含糊的，因此，当我们从一个明确的后果回顾一些可能的前提时，我们就论及了意义和目的。比如，假设——这个例子是冯特自己的——我们从以下一组前提的任何一个出发：

$$a<b \qquad a=b \qquad a<b$$
$$b<c \qquad b<c \qquad b=c$$

在上式中，符号<表示完整的逻辑包含，那么，我们就能够毫不含糊地得出结论：$a<c$。相反，假设我们从 $a<c$ 这一结论出发，试着向后讨论这个前提，我们会面临表上列出的三种可能性的陈述，倒退的问题只能含糊地解决。准确地说，这两种推论方式的差异是自然科学中因果过程和目的论过程的差异。

冯特告诉我们，三种自然科学中没有一种其逻辑结构是完全意义上的因果型或目的论的，例如，著名的物理学能量守恒定律，从广义上说，是一个目的论的原理。毫无疑问，自然科学的理想是建立起现象之间的明确的因果关系。同时，目的论作为因果关系的补充，不但在理论上得到证明，而且在实践上也是有用的；在无数情景中，我们不知道条件，无法求助原因和结果，目的论对我们就很有用。生物学尽管具有孟德尔学说(Mendelism)和发展结构(developmental mechanics)的各种保证，还是无法探寻生命现象的物理学和化学的条件——为了减少对因果术语的重复和发展——它必须用较为松散的原理来满足自己，因而接受了终结的观点。

我们可能认为，这一观点并不意味着对我们称之为"最终目标"(final cause)的自然科学的介绍。冯特用随意行为(voluntary action)这个特别的例子来说明他的观点。在此,因果系列是心理物理的(psychophysical),从动机的激发开始,以身体的大量运动结束。尽管如此,冯特坚持认为,最初的观念并不是任何严格意义上的一种"最终目标",而仅仅是我们对经验的出发点的分析。在别的原因中,这可暂时作为一种起因来认识,暂时作为生理过程的替代物来接受。这一过程是我们目前的方法所达不到的。在特定的科学中,目的论只不过是一种倒退的、含糊的因果关系。只有当我们身处其外,我们才能质问:作为一个整体,这种目的论的组织是如何存在的?最终目标的问题,意志的创造性影响(creative influence)的问题,是如何合理地提出的?①

§6. 冯特的评论

因此,冯特首先要求心理学从自然科学中区分出来,其次要求三门主要的自然科学要相互区分开来。心理学同自然科学的主要区别取决于完美的认识论。它也要求经验的有效性(empirical validity),这一点已被科学史所证明,而对心理学目前的情况也是合适的。在冯特自己的思想中,逻辑动机和经验动机随处交织在一起。然而,当我们处在科学和哲学之间的某一适当位置时,我们对认识论就不会有直接的兴趣。我们必须决定,心理学与自然科学的最终定义是否与科学的一般思想和科学活动的这两个重要分支的特性相一致。那么,按照这一结果,我们

---

① 特别参阅《逻辑学》(Logik),1907年,第2卷,276页;《体系》(System),1907年,第1卷,306页以下;《生理心理学》(Phys. Psychol.),1911年,第3卷,662页以下等。

可以继续讨论冯特关于三种自然科学的第二个区别。

（1）不管怎样，心理学乍看起来似乎一切都是好的。心理学是一门独立的科学，具有明确的观点，这些观点面向整个直接经验的领域。一方面，心理学题材的现实性已使其从令人头痛的"客观参照物"（objective reference）中解放出来。冯特早在1874年就写道："观念与客体的关系仅仅是辅助的行动。"① 而现在，他明确地表示这种正被讨论的行为不属于心理学而属于逻辑学。② 在思考之前的认识阶段，以及在我们的日常经验尚未受思考的结果影响的情况下，我们的观念是一些客观物体。在心理学这样一门研究直接经验的科学中，保持这种客观特性是必要的。它们不是客体的"表象"或"符号"，而是把自己看做"具有客观特性的客体"（Gegentände），它们在心理的主观意识的结构中代表客观因素。③ 主观因素，即情绪过程（Gemüts bewegungen），以同样的存在方式被采纳。第二个方面，心理学不受任何有关的"价值判断"（judgments of value）的影响，事实上，这些判断是在心理学的土壤里成长起来的，情感是价值的基础。④ 不过，心理学严格考虑情感过程，就像它考虑观念一样：它分析它们，找出它们相互联系的模式，并且探索它们的发展过程；对它们的思考，在价值判断中有不同的表达方式，通过"心理科学"（Geisteswissen schaften）对它进一步系统化。⑤ 目前，一切似乎

---

① 《生理心理学》（Phys. Psychol.），1874年，465页。

② 出处同上，1908年，第1卷，405页；1910年，第2卷，385页。冯特始终谈到，"对客体的参考"不是从内在客观性的意义上来说的，而我们却把对（物理）客体的（心理）观念描述为它的原因或条件。

③ 出处同上，1910年，第2卷，385页。

④ 出处同上，1911年，732页；《体系》，1907年，第1卷，122页。

⑤ 《生理心理学》，1911年，第3卷，497页；《逻辑学》，1908年，第3卷，114页。

都很好。

（2）但是，当我们考察心理学与自然科学之间尚未证实的关系时，冯特的观点就不太令人满意。它向我们显示的心理学，比实际的心理学更幼稚。而且，不管怎样，自然科学比实际已存在的自然科学更复杂。必须记住的是，自然科学是从属于主体的所有事物中抽象出来的，而最后借助的东西只剩下时间和空间。时间和空间本身，到目前为止只是"知觉上的"（perceptive），它们属于心理学的主观意识。自然科学的空间和时间，其内容并不比这些结构的内容少，因此，它们一定是概念性的。它遵循着冯特所说的，完全不是经验的"外在"经验，但总的说来，是对我们理解力的一种解释。① 这样一种观点的难处是明显的。这是因为，即使我们承认现在自然科学是彻头彻尾的概念性的，我们也必须认识到：它已逐渐地减少经验，使用概念代替了经验，而且这种结构还经常不断地放到经验中去检验。冯特没能说明所有这一切的平等互换。② 确实，他承认区分科学工作的经验主义原则。那么，他假定的区分方式是怎样的呢？心理学接受了所有的直接经验。而自然科学因为要顺从认识论的目的，被迫从经验中转移出来，以适应一种它自己的思想体系。

因此，如果自然科学失去了经验的基础，那么，从冯特的定义来看，似乎心理学对理解力的要求比其历史证实的情况要少

---

① 从《体系》（1907年，第1卷，137页）一书看似乎很清楚。虽然涉及"知觉的内容和形式"的两个方面已从《体系》（1889年，152页）一书中删去。参看《生理心理学》，1911年，第3卷，701页、743页。

② 当然，冯特认为我们的思想是外部物质事件的"象征"。特别参阅《体系》，1907年，第1卷，137页。然而，反对意见是来自直接经验的"基本的抽象概括"，过于激进以致不允许这种关系存在。

得多。我们认为,像自然科学学者那样,心理学家必须逐步发展其与认识体系相一致的题材。但这一任务是简单的:对于直接经验来说,通过其直接性的事实,当心理学家得到它时,它已经是连贯和一致的,而且没有自然科学所要求的逻辑的控制和转化的必要。如果分析不足或误入歧途,如果不能完全理解,或者错误地理解关系和联系,心理学仍然可以在特定的持续性题材中提供矫正措施。① 因此,尽管在细节上可能出现这样或那样的困难,冯特为系统心理学家所安排的任务在逻辑上是简单的,概念的重新构建在其中没有什么作用。

在这一争论中,读者可能会同意冯特对我们的质问,以便换来心理学的独立,但这样做的代价太高了。我们也许会问,统觉(apperception)学说不是概念性的结构吗?或者,如果人们的争论(argumentum ad hominem)是不容许的,那么其裁判权为冯特自己所明确认可的历史,难道就不能经久地证明心理学精心制作的概念性的内容吗?我们已经谈到"心理学的主观意识",而且我们都知道,在心理学史上,这一术语的含义已经发生了改变,那种从一个庇护所驱使到另一个庇护所的"物质的"(substantial)主观意识,现在已从科学文章(或讲话)中完全消失了。现代心理学家如果使用"主观意识"(subject)这一术语,他们只不过是用它来作为说明一些现象的一个简短方便的名词,而事实上,这些现象同自然科学的现象具有同样的客观性。那么,从所有的迹象来看,"心理学上的主观意识"是一种概念结构。② 它

---

① 《逻辑》,1906年,第1卷,421页;《体系》,1907年,第1卷,127页以下,138页以下。
② 冯特再次认为,心理学家对于混淆自然科学和心理学的观点有后悔的迹象。特别参阅《逻辑》,1908年,第3卷,246页,然而,即使如此,这种混乱也是因为概念结构的需要而导致的结果。那么,现实本身的理论是什么?

的各种不同的意义与心理学体系发展的必要的阶段相对应。与此同时,这一词在很大程度上已不再使用,这不是因为概念思维被证明是多余的,而是因为我们的概念已经改变。即使两者在程度上不同,心理学的视知觉学说也是使用了与物理学的光学学说同样的方法,它无疑是概念的。

冯特在气质上和在理智上都避开"内省心理学",他对心理学的最大贡献在于他始终坚持直接观察。他在此是言过其实了。冯特通过自己的经验和人类史而认为概念是坏东西,他决不允许心理学去把它们当作仆人使用。

(3)最后,我们转向讨论三种自然科学所具有的特性。因为我们自己使物理学、生物学和心理学成为典型的、有代表性的科学,我们自然对冯特有关生物学观点的描述感兴趣。但是,令人失望的是,观点这一术语是在两种意义上使用的。实际上,物理学仔细思考的是具有普遍性的事物,而化学思考的则是具有特殊性的事物。从这两种观点出发,一些物质现象被看做是科学的。到目前为止,生物学仅仅处在物理学和化学的应用范围之内,而没有自己的观点。但是,据说生物学为了自身的利益,也从目的论的观点思考自然现象。① 然而,这不可能是第三种观点,这是与分配给物理学和化学的那些观点协调一致的。依冯特主义的逻辑来看,与目的论对立的相互关联的事物是因果关系,就像我们已经看到的,目的论仅仅是一种循环的因果关系,当我们遇到的现象是复杂的,而它们之间的关系又是模棱两可时,我们的无知就迫使我们不得不承认这一点。那么,如果生物学作为目的论的东西与化学和物理学区分出来,我们似乎就注

---

① 《逻辑学》,1907年,第2卷,276页。

意到：这些科学是具有因果关系的，而且有关普遍性和特殊性的观点也是因果关系这一总标题下的副标题。然而，冯特承认物理学和化学本身在某种程度上是目的论的，比如，整个能量学说是很有个性特点的。他还进一步使我们相信，生物学现象不仅仅在无生命的(inamimate)自然中有它们的类似物，而且在某种程度上，在可测量的因果解释的范围内也同样如此。① 那么，这再次说明生物学没有自己的观点。它不是一门独立的科学，只是物理学和化学的一个特殊分支。由于生物现象的复杂性，它们大部分必须暂时根据方法和目的进行分类，而且由于同样的原因，它们的目标在一定程度上必须全部从心理学中接收过来。

如果我们明白冯特是怎样对这样一个站不住脚的结论感到满意，或者更确切地说，他怎么会看不到，从科学的角度来讲，事实上他的结论是站不住脚的，是软弱无能的，我们必须注意他论述的全部要点。它将显示，冯特对生物学的兴趣，其科学性比哲学性要少。他认为，把生物学从物理学和化学中区分出来，不如揭示有机体所提供的心灵哲学(philosophy of mind)和自然哲学(philosophy of nature)之间的联系重要。② 这种联系随"进化"(evolution)的观念而定。因为进化暗示着进步或改进(vervoll-knommung)，它最初应用于心灵领域，而心灵是真正的、最终目标的领域。如果我们必须求助于这种相同的进化观念来理解有机体的本性，那么，就要理解生命的形式，既是复杂的自然因果关系的表现，又是"心灵力量"(mental forces)的结果。③ 因此，

---

① 《生理心理学》，1911年，第3卷，665页、691页、702页，特别是717页。
② 《体系》，1907年，第2卷，135页。
③ 出处同上，147页；《生理心理学》，1911年，第3卷，733页。

冯特是生物学领域生机论的坚定的反对者,同时,他却在生物学背后,通过假定一种心理学的目的论,来保护生机论的一切优势。这样,生物学的独立性得到了保证,但这不是科学意义上的,而是哲学意义上的。然而,通过一种科学的前后联系,这种保证说明了冯特独特的观点是目的论的。

前面的批评可以在以下的评论中进行概括。除了这一点.这种评论能得到充分的支持:冯特的整个思想是心理学为中心的,他总是从与心理学的关系这一角度来考察其他科学。这并不是说我们可以用心理主义来指责他;简单说来,他是一个真正的心理学家,因此心理学是他思想所有方面会聚的焦点。这种情况是独一无二的,在"哲学史"中没有此种情况:这对心理学自身产生的好处大于当代人所能评估的。然而,每一种特性都有其缺点。就眼前的例子来说,如果完全不受冯特认识的局限,不带有他的心理学偏见,我们从冯特那儿得到的帮助,比我们从考察科学的哲学家那儿得到的帮助要少。

§7. 阿芬那留斯 (Avenarius)

阿芬那留斯称不上科学家,他既不是一位心理学家,也不是任何科学意义上的生物学家,本质上他是一位哲学家。但是,作为一位哲学家,他处在与科学的双重关系下。[①] 一方面,他接受自然科学的系统的工作,他探讨哲学问题,似乎它是一个自然科

[①] 那些没法接受阿芬那留斯目的论的读者,会在拉布(F. Raab)的著作中对阿氏的工作有大概了解。《阿芬那留斯的哲学:系统描述和内在批判》(*Die Philosophie von Pichard Avenarius: Systematische Darstellung und Immaaente Kritik*),1912 年。作者既谈及了阿芬那留斯的著作,又涉及对原理的批评和评价。

学的综合性问题。他的认识论是一种"生物学的"或"生物机械主义的"理论。另一方面,他的目标不仅是去建立一种一般的科学理论(wissenschaftslehre),而且是为心理学或被称之为"心理"科学的学科奠定特别的基础。这样,他因其科学态度和心理学的兴趣而受到我们的欢迎。他的观点实际上与马赫(Mach)的观点一致,马赫不仅是实验物理学家,而且是实验心理学家,正因如此,阿芬那留斯更为人们所接受。

像冯特一样,阿芬那留斯也是通过认识论来为心理学下定义的。然而,两者存在着差别,我们可以大致地表述这一区别:冯特的定义为其哲学奠定了基础,而阿芬那留斯的定义则是建立在他的哲学基础上。在冯特写《逻辑学》(*Logic*)和他的《哲学体系》(*System of Philosophy*)之前,他已在生理学和心理学方面取得了成就。他的思想充满科学——充满事实和理论、历史和方法、定律和实验;他从特殊的科学慢慢地、谨慎地转向哲学。而且,当他获得认识论时,认识论已完全染上科学的色彩。相反,阿芬那留斯从研究斯宾诺莎(Spinoza)开始,发表了一系列著作;然后,他从历史的探索转向建设性的哲学探讨,并完成他的主要成果——《序论》(*Prolegomena*)。十年后,又完成了另一成果,即著名的《纯粹经验批判》(*Kritik der Reinen Erfahrung*)。直到他系统地补充了批评意见,用内容填补了形式——换句话说,并写出了《人的世界概念》(*Der Menschliche Weltbegriff*)——他才着手探讨他的心理学定义。因此,心理学的讨论似乎是阿芬那留斯哲学的一种索引。就像我们已经指出的,不管是在趋向、方法上还是在结果上,它都是建立在批判基础上的;但这是一种附加物,而且可能是与之分离的;令人高兴的是,我们可以认真考虑阿芬那留斯关于科学的相互关系的观点,而无须阐明其认识论的知识体系。

阿芬那留斯认为,心理学没有独立的题材。既不存在"心理的"(psychical)这一形容词可以合理地运用于其中的经验主义题材,也不存在形而上学题材;我们不能借助于一种内部感觉或一种内省(introspection)的特殊方法去创造心理的题材。① 然而,存在一门经验的心理科学(empirical science of psychology),我们可以恰当地谈及心理学的事实和规律。确实,科学如经验一样,范围广泛:从特定的观点看,它的题材就是全部经验,心理学接受所有的经验;就经验来说,完整的经验是依赖于个体的。②

这是阿芬那留斯的心理学定义,所有三个术语——经验、依赖性和个体——都值得讨论。阿芬那留斯认为,经验在字面上的意义是"特定的"每一件事,不管它是"事情"还是"思想"。严格说来,这个世界的一切资料,都可以作为我们的论据。我们应该满足一种也是唯一的条件,即如果一个特殊物体能经得起科学的检验,那一定是经验所赋予的。其次,阿芬那留斯认为,依赖性是指逻辑上或机能上的依赖性。按照这种观点,如果与机能有关的第一个术语(比如,个体)发生了变化,那么第二个术语也会相应地发生变化。作为相互联系的独立变量,从经验批判

---

① 因此,我在"评述心理学题材问题"[Bemerkungen zum Begriff des Gegenstades der Psychologie, iii.,《科学哲学杂志》(Vjs. f. wiss. Philos). 1895年,第19卷,15页]中,解释了思考方法(betrachtungswise)一词的含义。

② "评述"等,iii.《科学哲学杂志》(1895年,第19卷,15页);"评述"等,ii.,《科学哲学杂志》,(1894年,第18卷,417页):"经验主义心理学的题材是这样一种经验,这种经验在某种意义上与个体有联系,是个体的主观解释。"

主义哲学的先决条件来看,"个体逻辑优先权"是固有的。第三,阿芬那留斯认为,从人类个体来看,他自己和他所有的思想感情,所赖以存在的独立的环境,是具有依赖性的;而且这些环境包括其他的人类个体,他们的情况大体上与他自己的相同。因此,在最初的分析中,经验依赖于个人的"环境"。但我们很容易就看出,这种依赖性不是直接的,比如,除非听觉神经及其附加装置保持完好无损,否则一个音调刺激是无法保留在经验中的。因此,就经验而言,人类个体不能容忍与环境对立,但在某种意义上说,正是这些"周围环境"的组成成分制约了经验。不仅如此,在同样的意义上,是经验的直接或间接的条件制约了经验。①一般说来,感觉属于生物学的,特别是神经学的。因此,阿芬那留斯发现自己能够取代"C 系统"(the system C)的个人概念,而这是经验直接或间接依赖的环境系统。而且,如果心理学被看做 C 系统的因变量,那么它现在可能基本上被重新定义为"经验的科学"。②

这个 C 系统是否是实际的、生理学上的大脑,是否是解剖学家和生理学家所熟知的中枢神经系统的一部分,一直存在着争论。这样的争论实际上是没有必要的,因为这一短语的意义是随着它所处的背景而变化的。从哲学的观点看,C 系统不是心理学的大脑,这就是说,它是逻辑上或功能上的大脑,没有空间的结构或局限性。对于一些特殊的科学而言,认为它是什么就是什么。而且,就心理学的目的来看,毫无疑问,它是生理学的

---

① 《纯粹经验的批判》(*Kritik der Reinen Erfahrung*),1888 年,第 1 卷,33 页。当我在此谈到"经验"时,我应该已经谈到经验的重要性(E. Werte)。参看《科学哲学杂志》,第 19 卷,16 页。
② "评述"等,ii.《科学哲学杂志》(1894 年,第 18 卷,418 页):"心理学的题材是依赖于 C 系统的全部经验"。

大脑——或者更准确地说，它构成大脑的组织、中心或部分系统，用费希纳(Fechner)的术语说，是心理物理过程的发生地点(locus)。① 那么，根据这一术语，我们最终认为心理学大体上是经验科学，它可以作为心理物理的大脑中心的因变量。

再者，就像不存在我们称之为精神的(psychical)一类物体一样，对阿芬邦留斯来说，也没有可称为物理的(physical)东西。像心理学之类的自然科学，是从一种特殊的观点来观察整个经验的。每当我们把一种经验看做是依赖于其他事物，而不是 C 系统时——所谈及的依赖性遵守能量守恒定律——我们把它作为自然科学的一项内容(physikalisches objekt)。② 阿芬那留斯只不过道出了这一点，而他的解释者却对其说法进行了意译。沃拉沙克(Wlassak)评论说:"如果我们发现一种特定的环境组成成分 A 依赖于另一种环境成分 B，那么我正在从事物理学方面的工作(这是从这一术语的广泛意义上说的);如果发现 A 的改变是通过一个生物体的感觉器官或中枢神经系统的改变来实现的，那么，我正在从事心理学方面的工作。"③ 通过给心理学下定义，阿芬那留斯把这种经验科学从其他经验科学，以及哲学中明显区别出来，这一点是毫无疑问的。为此，我们必须假定，他把自然科学的互补定义看做是不言而喻的。

在阿芬那留斯的著作中，我们找不到有关物理学(狭义的)

---

① 《批判》(*Kritik*)，第 1 卷，35 页；《科学哲学杂志》，第 18 卷，418 页；费希纳(G. T. Fechner)《心理物理学纲要》(*Elemente der Psychophysik*)，1860 年，第 1 卷，10 页。

② "评述"等，iii，《科学哲学杂志》，第 19 卷，16 页以下。阿芬那留斯区分了"逻辑上依赖"的三种特殊形式：数学上的(比如，对数与自然数的关系)，物理学上的(能量转换)和心理学上的。

③ 沃拉沙克(R. Wlassak)。见马赫(E. Mach)，《感觉的分析》(*Die Analyse der Empfindung*)，1900 年，38 页；1902 年，40 页。

和生物学之间关系的论述。他自己的生物学已经得到了不同的解释,似乎依赖于两个相当普通的原理:C 系统的有效功能的发挥依赖于刺激和营养之间的某种平衡,在生存斗争中能存活下来的系统,是有机体和心理进化的载体。有一点是不容怀疑的:他倾向于"机械论"而反对"生机论"。

§8. 马 赫

我们可以通过简要阐明有关观点,来为讨论阿芬那留斯的观点作准备。在冯特从实践出发独立地坚持他的有关直接和间接经验学说的同时,阿芬那留斯关于心理学及其与自然科学的关系的观点,本质上与许多作者的观点一样,他们当中有的是独立提出这些观点的,还有一些人是从阿芬那留斯或马赫那儿得到的。

(1)我们要开始讨论的马赫,是科学统一性的热心倡导者。① 他强烈地感到,在某些方面,物理学和心理学必须有一个共同的标准.这样,研究者在从一种科学转向其他科学时,就能维持原来的科学态度。在长时间的思考后,他接受了这样的观点:整个世界的经验("内部的"和"外部的"经验都是相似的)都是由少数同类要素所构成,所有的科学都是相似的。他倾向于把这些要素称为"感觉"(sensation),但他并不一定坚持用这一

---

① 特别参看,《感觉的分析论文集》(Beiträge zur Analyse der Empfindungen),1886 年,1 页以下;《感觉的分析与身体的关系》(Die Analyse der Empfindungen und das Verhältniss des Physischen zum Phychischen),1900 年,1 页以下,28 页以下,35 页以下;《认识和谬误》(Erkenntnis und Irrtum),1906 年,5 页以下,等。屈尔佩(Külpe)[《德国现代哲学》(The Philosophy of the Present in Germany),1913 年,52 页以下]的观念是错的,最后提到的著作承认了观点的变化。

术语。① 它们以多种关联形式显现在我们面前,其中有些是短暂的,有些则是较为稳固的。由于受到较为稳固的联系的冲击,原本不同类型的经验"事物"、"身体"和"自我"变成一种共同的信念。然而,如果我们严密地、公正地仔细检查这些外观不同的单位,我们就会发现它们没有什么实质性的和固定的分界线。它们被证明是同一要素的复合体,处于形形色色的功能性关系或依赖性关系中。因此,所有的科学研究都必须具有同样的题材。科学是由于其基本观点和研究的方向而有所区别,而不是因为它指向的物质材料。只要我们注意到颜色对于照明光源(其他颜色、热量、空间等)的依赖性,它就是一种物理上的物体。但是,如果我们注意到的是它对视网膜的依赖性,②那么,它就是一种心理学上的物体,一种感觉(狭义上的)。从这种观点出发,"自我"(myself)和"外部世界"(outside world)之间,感觉和事物之间,物理和心理之间③的对立都消失了。这样,科学家在从物理学转向心理学后又转回来时,就不会迷失方向,他只是把注意力从一种功能关系转向另一种功能关系。

无须重复,马赫的观点同阿芬那留斯的观点非常相近。从不同的出发点,通过不同的途径,这两位思想者已得出了相同的

---

① 阿芬那留斯《绪论》(*Prolegomena*)中也曾谈及"感觉"(*sensation*)。尽管他在后来的著作中删掉了这一术语。我们也应该记住,马赫把空间和时间看做感觉。

② 马赫关于"身体"(body)、"神经系统"(nervous system)和"感觉器官"(organ of sense)之间联系的观点前后较为一致。

③ 阿芬那留斯曾批评道:"Ich kenne weder Physisches noch Psychisches, sondern ein Drittes."这可译为:我既不懂物理学,也不懂心理学,而只是一个第三者[霍夫丁(H. Höffding),《现代哲学》(*Modern Philosophen*),1905 年,121 页;《现代哲学家》(*Modern Philosophers*),1915 年,135 页;马赫,《认识和谬误》,13 页;阿芬那留斯,《科学哲学杂志》,1895 年,第 19 卷,15 页.]《分析》中的许多句子读起来似乎是阿芬那留斯自己的。

结论。① 但马赫继续做了阿芬那留斯没有做的事情：讨论了物理学和生物学之间的关系，他处理这一主题的方式使我们想到了冯特。

马赫说，讨论普通生物学是为了引出因果关系对目的论的问题。他自己不反对一种经验的目的论。他常常发现，在科学探索中，目的论的观念是有用的。不过科学观念是对世界因果关系（或者更准确一点，用他自己的术语来说，一种功能）的描述，目的论的考虑仅仅是暂时的。我们也许希望有一天物理学能够研究有机体。而同时，有机体的一些特点，像有机体的记忆(memory)和有机体的联想(association)又绝对拒斥物理学方法。物理学和心理学相遇在其中的感官生理学可能会产生一种新的事实秩序，而这种事实秩序是有机体和无机体的综合科学赖以存在的基础。②

我们以这一建议结束我们的讨论。毫无疑问，这其中的一些建议是自然的求助对象。③ 马赫被他曾经坦诚面对的问题所困扰，转而依靠他对科学统一性的信念。然而，事实上，他对生

---

① 这儿有一个区别，沃拉沙克提到过这个区别，马赫有过疑问，而后来沃拉沙克又忘掉了。这个区别全包含在《分析》(Analyse)一书连续的 3 页中（1900 年，38 页以下），它依赖于这一事实：阿芬那留斯的经验的重要性总是描述内容。只要认识论和心理学被认为是来自同一个领域，不可避免地，随之而来的行为主义的后果是来自对心力内投(introjection)的排斥。马赫把他自己的最初目标看做是心力外投(extrojection)的排斥（作品引用，42）。而且，可以肯定地说，他在心理学方面比阿芬那留斯更保守。然而，我们不能不产生疑问（虽然这会被经验批判主义者看做异端邪说）：阿芬那留斯以他对"不完整经验"的"绝对"看法，是否能在认识论和特殊科学之间划一条界限。无论如何，我们同样怀疑，当经验批判主义者在评论中获悉对心理学做好的安排，把消除内部联系作为他们的一部分信条时，这部分经验批评主义者的观点是否就不太令人吃惊。

② 《分析》等，1900 年，60 页、62 页以下、151 页以下等。

③ 它好像是早期思想的反应。作品引用，73 页，参看《认识和谬误》，1906 年，14 页、459 页。

物学的论述是没有结论的。这又一次使我们想到了冯特。

（2）从马赫到沃德（Ward）的距离是很远的，这是从与哲学抗争的科学家到藐视科学结构的训练有素的哲学家之间的距离。确实，人们可能会怀疑沃德的心理学定义是否是现在这样子，或者是否应该被看做由其观点决定的第三种类型的定义，这一定义与阿芬那留斯和冯特的定义是相同的。然而，整体看来，这个定义本身似乎介于认识论和特殊科学之间，也许处在与马赫的定义相邻的位置上。

经验是科学的源泉。但沃德指出，我们是在双重意义上使用经验的。既存在特定个体的经验，也存在着人类共同的经验知识，这些都是主体相互交往的结果。在第一种意义上，经验通常被看做一种主观意识而归于心理学；在第二种意义上，经验被看做一种客体而归于自然科学，这样就出现了心理和自然的二重论。然而，事实上，我们原始的、具体的个人经验总是包含主观和客观两方面因素，而且它们是作为单一整体的有机组成成分的。此外，其他意义上的经验，共同的，或集体的，或一般化的，或普遍的经验，是一种个人经验的扩展，是个人经验的一部分，并且已超出了个人经验的范围。因此，这种共同的经验，也可能被认为在单一的组织单元内显示出主观与客观的双重性。因而，我们发现，超越主观的客体，或普遍的客体，只是对感觉对象的详尽描述。并且，我们进一步发现，这种普遍的客体是为一种普遍的主体（universal subject）而存在的客体，这种普遍的主体是个人经验的主体，比自我意识的水平要先进，在其他自我意识主体的经验中，这些主体聚集在一起是可以沟通的，也就是说，是可以理解的。普遍的经验不是在所有主体中都表现明显，

但这是所有明智者的共性,并不是某人特有的。①

心理学和自然科学都涉及经验,因此,他们都在经验的统一体中讨论主体和客体。② 心理学是"个体经验的科学"。这并不意味着它被限制于某种经验的范围,"心理学……不能参照特殊的题材来定义,而是多少涉及整个经验",因此它"必须以观察这种经验所取的观点来表征其特点。"换言之,"个体经验的科学"是从"个体化"的观点"来观察的经验科学"。"不论通过什么方法,不论从什么途径查明事实,它们必须——具有一种心理学上的意义——被看做在某一个人的意识或经验中存有一个位置,或者被看做某一个人的意识或经验的组成部分。""在这种意义上,对个人来说,整个天国的唱诗班和人世间的桌椅板凳都可以属于心理学,但在其他方面它们是心理学的无用之物。"这种"某一个人"或"个体",是心理学上的自我,而不是生物学上的个人或有机体。自我或心理学上的主体觉察和关注,喜欢和不喜欢,是通过态度和活动对"物理客体"的效应,也即在"呈现"的特点和顺序中产生的变化而知道的。③

同样,自然科学是关于普遍经验的科学,或者说是关于从普遍化的观点出发看待经验的科学。我们没有必要描述其"客体",但有必要坚持的是,普遍的经验包含了一种智力上和意志上的"主体",严格说来,普遍的主体证明自己就像个人主体证

---

① 沃德(J. Ward),《自然主义和不可知论》(*Naturalism and Agnosticism*),1903 年,第 2 卷,152 页以下~282 页等。

② 当然,在"一切都是真的"这一意义上,两者是相似的,都是"客观的"。

③ 《心理学原理》(*Psychological Principles*),《心灵杂志》,1883 年,第 8 卷,153 页以下、465 页以下;《大英百科全书》(*Encyc. Brit.*),1886 年,第 20 卷,38、39(1)、44(2)、67(1);出处同上,1911 年,第 22 卷,548、550(1)、554 页、581(2);《自然主义和不可知论》,1903 年,第 2 卷,113 页;《心理学原理》,1918 年和 1920 年,21 页以下、26 页以下、55 页以下。

明自己一样,是通过其对客体的影响来实现的。而这些客体同主体一起,存在于完整的经验中。我们讨论自然的整体性(unity),但整体性是主观的工作,是每一个个体经验的整体性的理想对手。我们又谈到自然的"规律性"(regularity),谈到主观活动的存在;规律性是一种有条理的、系统的知识理想。不管赫胥黎(Huxley)如何,自然的"规律"并不是在事实中发现的,而是事实所要求的。人们"实现这种要求,并期待着要求的实现能给他预见和力量"。①

我们不需要进一步追随沃德的思想。对我们来说,重要的是他的教导(teaching):心理学适用于呈现在个体"主观意识"中的整个经验的范围;从个体知觉存在与否没什么差别这一观点来看,自然科学包含着同样的题材。② 极富特点的修饰语"个体化的"和"普遍化的",似乎是阿芬那留斯个性的明显标志。很明显,一个普遍主体的观念"不是抽象逻辑主体",③也不是冯特认识论上的主体——无疑它们之间很不相同。这牵涉到一种完全异于阿芬那留斯的目的论。

(3) 屈尔佩(Külpe)和艾滨浩斯(Ebbinghaus)的两种心理学,已对阿芬那留斯的定义做了系统的展现。的确,屈尔佩明确承认他第一次进行这种应用。④ 毫无疑问,他是按照阿芬留斯的精神写的,但多少有些令人费解的是,他似乎从不去理解阿芬那留斯公式的严格意义。

屈尔佩从经验的事实或证据开始进行他的探索。这些经验

---

① 《自然主义和不可知论》,1903 年,第 2 卷,235 页、248 页以下。
② 或者,当沃德汲力避免复合三段论,其产生的区别仅仅是细枝末节。作品引用,196 页。
③ 出处同上,197 页。
④ 屈尔佩(O. Külpe),《哲学引论》(Einleitung in die Philosophie),1895 年,63 页;《哲学引论》(Introduction to Philosophy),1897 年,59 页。

既不是物理的,也不是心理的,但在科学上是一致的。他说:"不存在不能用作心理学研究主体的单一的经验事实(fact-of-experience)"。构成心理学题材的经验的一般特性是,"它们依赖于体验(erlebender)中的个体";心理学是"依赖于体验中的个体的经验事实的科学",这些个体是物质的(corporeal),而且,对人类来说(一般的情况),心理学可能局限于大脑,甚至可能局限于大脑皮层。因此,心理学的问题是如何恰当地描述依赖于大脑或皮层的这些经验事实的特性,这是屈尔佩在《心理学大纲》(*Grundriss der psychologie*)中试图作出的描述。①

我们应该记住,《大纲》是在阿芬那留斯开始他的《关于心理学题材的评论》②(*Bemerkungen zum Begriff des Gegenstands der Psychologie*)写作之前出版的。我们不能低估写作这一早期作品的难度。然而,令人吃惊的是,就目前已看到的,屈尔佩的观点与阿芬那留斯的观点不同。在阿芬那留斯的著作中没有谈及一种经验的共同特性,也没有谈及我们所描述的依赖于个体的经验。③ 毕竟,阿芬那留斯使心理学成为经验科学,到目前为止,我们仍把全部的经验看做是依赖于个体的。屈尔佩后来写道:"心理学的题材由个体的要素、特征和完整的经验组成,而这一切都依赖于个体本身。"④然而,对阿芬那留斯来说,它不

---

① 《心理学大纲》(*Grundriss der Psychologie*),1893年,1页以下;《心理学大纲》(*Outlines of Psychology*),1895年(及以后),1页以下;《哲学引论》,1895年,55页、66页;《哲学引论》,1897年,55页、62页。

② 日期分别是1893年和1894~1895年。

③ 冯特,《哲学研究》,1895年,第12卷,2页;艾宾浩斯,《心理学纲要》,1897年和1902年,第1卷,8页。冯特,《哲学研究》,1897年,第13卷,407页,争论离开了定义的主要观点。

④ 《哲学引论》(*Einleitung in die Philosophie*,1913,74):"心理学的对象是依赖于个体而存在的个体的全部经验"这句话也出现在克勒姆(O. Klemn),《心理学的历史》(*Geschichte der Psychologie*,1911,172);《心理学的历史》(*History of Psychology*,1914,163)。

是要素和特征,而是经验。因此,从一个特殊的观点来看,这不是依赖的问题,而是我们所得到的经验是有依赖性的。尽管屈尔佩充分认识到心理学没有特殊的题材,却不明白,他对阿芬那留斯的解释使他步入题材论的危险之中。然而,他的著作为人们了解阿芬那留斯的《评论》提供了方便,而且,由于他提醒心理学家注意阿芬那留斯和马赫的著作,从而为心理学作出了伟大的贡献。①

虽然艾滨浩斯没有直接接受马赫的无差别要素说(doctrine of the indifferent elements),②但他受到马赫的强烈影响。他在其著作的第一版中,认为心理学"不是一门关于世界特殊领域的科学,而是一门关于整个世界的科学。首先,确切地说,它涉及世界的结构、过程和相互关系。世界的特性在本质上是由一个有机体,即一个组织化的个体的构成成分和功能所决定的。其次,它是一门关于个体及其特征的科学,这些个体本质上是由它们体验世界的方式决定的……这种心理学观点完全是个体主义的;……至于物理科学,应该尽可能努力从个体中抽象出来,超越个体主义观点所固有的限制"。③

艾滨浩斯似乎并不比屈尔佩看得更清楚。而且,他提出的定义也有缺点,即把神经生理学作为心理学内容的一部分,甚至

---

① 屈尔佩认为(并不是每个人都这样认为),阿芬那留斯消除心力内投,最初并不是心理学的事,而是认识论的事[《认识论》(*Die Realisierung*),1912年,第1卷,111页];用他自己的话说,也许正是这一观点使他有点过于自信,放弃了阿芬那留斯的意思。无论如何,在此我们批评的是屈尔佩对经验批判主义观点的描述。有关的题材问题,以后我们会遇到(265页以下)。

② 艾滨浩斯提到沃德、马赫和屈尔佩,没有提到阿芬那留斯(《纲要》,1897年,第1卷和1902年,8页)。不用说艾滨浩斯也受到了费希纳的深刻影响,以至于如此看待"要素"。见出处同上,5页以下、46页;作品引用,1905年,第1卷,2、50页。

③ 作品引用,1897年,第1卷和1902年,7~8页。

只是次要的部分,第二版在逻辑性方面有些改进,而且早先的定义已被删掉,对神经系统的涉及也从开始部分转移到结尾部分,但这种改变包含另一些内容。有机体整体,现在已被"个体"或"个体的意识"所代替;"在确定的个体和他们对心理事实的意识之间的关系中所得到的一切已不复存在了"。① 这样,就形成了一个问题,即艾滨浩斯是否真正倾向于脱离阿芬那留斯、马赫,而沿着沃德的方向前进,或者新的表达方式是否仅仅是他重新安排内容的逻辑结果。因为一般说来,在众多的细节上,心理学所采纳的观点和它与自然科学的关系仍然没有改变。我们也许认为后者已改变了。然而,应该肯定的是,艾滨浩斯还没有把它的定义带到一种稳定的状态中,而如果他还活着,他一定会彻底改写第三版中的导言部分。②

不管是屈尔佩,还是艾滨浩斯都没有产生任何关于抛弃生物学状态和关系的新观点。

(4) 1890 年,读过詹姆斯的《原理》(*Principles*)一书的人,没有一个会想起马赫的无差别感觉(indifferent sensations),或者冯特没有区别的观念对象(vorstellung snbjekt)。引言一章告诉我们,心理学"假定其材料是(1)思想和情感,(2)思想和情感与时间和空间同时并存的物质世界,以及(3)思想和情感所了

---

① 作品引用,1905 年,第 1 卷,2 页、4 页、5 页,希望心理学更为独立的愿望促使有关生理学的文章从 1897 年到 1905 年不断变化。然而,艾滨浩斯失去的同他得到的一样多;因"意识"概念的引进,给后来的"无意识的精神生活"(Unbewusstes Seelenleben)一文带来了矛盾的气氛。

② 实际上第三版由迪尔(E. Dürr)编辑,他把艾滨浩斯的观点毫无改变地搬到了布伦塔诺(Brentano)的书中。作用引用,1911 年,第 1 卷,xiii,2 页。这一导论(特别参看 7 页)因此就变成了一种编辑物。

解的物质世界。"① 这儿的问题是,以后如何区分思想和事物。但在 1904 年和 1905 年詹姆斯发表的一系列文章中,他勾画出一个"纯粹的经验"(pure experience)的理论,这个理论不容置疑地提出了其独特的心理学的定义。②

这种"纯粹经验"是组成每件事的原始材料。③ 它与最初的想法并不相同,只是一种混乱的纯粹经验。④ 我们可以称之为情感或感觉。我们必须认识到,它构成了一个关于感觉本质的不确定的变化。⑤ 按照它与内容的关系,它的项目是物理的或心理的。⑥ 一块同样的"碎片"(piece),或者无法再分割的纯粹经验的一部分,可能会在如下一些方面起作用:此刻心灵的状态、意识或思想的事实,以及此刻的物质现实或"事物"。⑦ 比如,当你阅读时,你可以考虑目前所处的环境,在你个人的记录内容中,这些环境是你的"意识领域"(field of consciousness);在房屋建筑史的内容中,它们构成"你坐在其中的房间"。⑧ 心灵的和物质的是分类上的修饰语;特定的经验会堆积起来,或者与此刻所持

---

① 詹姆斯(W. James),《心理学原理》(*The Principles of Psychology*),1890 年。第 1 卷,vi.,184 页。

② 这些文章已被佩里(R. B. Perry)编辑在《极端经验主义论文集》(*Essays in Radical Empiricism*,1912)一书中,詹姆斯在国会厅所作演讲的独特价值在于,这是他学说的一个总结["有关良心的看法"(La notion de conscience)]。我认为,他第一次公开表述自己的学说是发表于《心理学评论》(1895 年,第 2 卷)的论文《一起了解事物》(*The knowing of Things Together*)[也在《真理的意义》(*The Meaning of Truth*,1909,49 页)一书中有所表述]。当然,《原理》一书中的许多章节也促进了这一点,或与之相联系;其中的有些观点在《极端经验主义论文集》一书中已提及。

③ 《论文集》(*Essays*),4 页等。

④ 出处同上,32 页、35 页、36 页。

⑤ 出处同上,94 页等;《多元的宇宙》(*A Pluralistic Universe*),1909 年,264 页。

⑥ 《论文集》,26 页等。

⑦ 出处同上,9 页、37 页、137 页、229 页等。

⑧ 出处同上,12 页以下。

的态度形成相应的关系。①

而且,就是这些关系,可能是模棱两可的。有时,一种纯粹的经验将容忍与它近邻的关系,而这些近邻富有进取心、充满活力,并且相互影响,那么它毫不含糊地属于物理学。同物理的情况相对照,有时它又显得毫无生气,而同时,它的关系也迫使它回顾较早的经验,以便发现它们是"熟悉的",从而欢迎它们把它看做是"我的",那么,它明确属于心理学。然而,有时这会发生在欣赏、情绪、欲望、思想目的等各种情况中——经验在物理和心理两个方面都起作用。它激起身体活动,引导、控制和调节意识流(the stream of thought)。因为我们对一致性没有迫切的要求,我们让这种感性经验随意漂流。根据此刻放任无常的心境或便利性,有时依我们的情感给它们分类,有时用物质的客观实在划分它们。②应该指出的是,决不会有任何最终种类的区分。按照它们赖以开始的背景(context)、相关物(associate)、关系(relation),不管它们的感觉本质是怎样的,纯粹经验都会变成意识、物质的或你所愿意的。③

不管詹姆斯的哲学,还是他有关心理学题材的概念,在此都

---

① 出处同上,152页以下。
② 出处同上,32页、34页、129页、137页以下(特别是142页、151页)、184页等。
③ 这似乎倾向于詹姆斯的学说。但在许多章节中,他似乎依赖于"感觉的性质",也就是依赖于在纯粹经验的特定领域内具有根本差别的事物。因此,(1)他声称"有些火"永远在燃烧,"一些水"永远在冷却,而同时"其他的火和水"不起任何作用(32页)。然而,这一表现形式对于"某些情景中的水"来说,却是缺点,等等。(2)他认为,一种"进化"的认识论必须显示最初的"充满活动的特征"如何"坠入无生气的状态或仅仅成为本质的"属性"(35页)。这种改变似乎是内在的。但是,在詹姆斯的最初论文中出现的这两段文字,可能被打上旧的思想模式的印记;参看140页。而且,(3)我们后来读到受过心灵活动训练的成员与别人相处是"通过他们的本质属性,而不是加强身体的力量"(184页)。很清楚,我认为,当詹姆斯的倾向始终如一时,他还不能静下心来形成最终的一种形式——通观《论文》,存在一种把纯粹经验分为物质的和心灵的二分法,不存在第三个术语"生物的"。"身体"既是物质的,又是(在情感内容上)模糊意义上的物质——心灵的。

没有经过认真考虑。我们必须注意到,他过着封闭式的生活,责令自己给出独到的定义;也必须注意到,他显然希望通过这种定义方式去进一步接近一种心理学的封闭系统,这比他在《原理》一书中所能做的要前进了一些。①

§9. 概要和结论

那么,在迈向19世纪末时,我们发现,对传统上认为心理学是一种特殊的"心灵"现象或"意识"现象的科学,存在一种非常明显的反抗。依赖于认识论,有一种正在增长的倾向:对照一般的科学题材假设一个观点,通过参考这个观点来定义心理学。值得注意的是,作为实验心理学创立者的冯特,也同样有这种反应。还应该注意的是,像阿芬那留斯、马赫、沃德和詹姆斯这样的独立思想家所得出的结论,就他们所有的差别来说,这些结论可能仍然被大家所共同接受。而新一代起领导作用的心理学家,接受了这些结论。因此,心理学的体系就有了新的方向。

我们不同意冯特的观点,②我们现在必须把他的观点的变种

---

① 《原理》,i,vi;《论文集》,209页以下。我认为詹姆斯的讨论具有彻头彻尾的认识论的特点,正是这一讨论,使克拉帕雷德(E. Claparede)在国会厅质问詹姆斯关于心灵和物质协调论的根源。换句话说,如果我们对科学简单地分类,如果我们假定所有的科学背后都站着一位共同的认知者(knower),我们就可以合理地假定,这位认知者能够采纳我们发现的各种观点,而事实上,是被科学所接纳。这就是这本书的观点。相反,如果我们让认知者处在它的认识当中,使认知者的思路像经验的任何一根经纬线,那么,我们注定不但要涉及认识的本质,了解经验的术语(《论文集》57页),而且还要进一步解释这个认知者如何形成常规习惯,得到上下联系的结果,如何知道这样那样的观点。在我看来,詹姆斯的解释在《论文集》中是一致的。

② 只要多作些思考,我们就会毫无困难地发现冯特和阿芬那留斯的观点是相似的。他们都是作为启发式的或经验的平行论者而出现的。假如冯特不曾同阿芬那留斯进行激烈的论战,那么他们之间就会存在不同。

(variants)和派生物(derivatives)放在一边,重新回到阿芬那留斯的观点上。按照我们已熟悉的定义,总的看来,心理学是一门经验科学。作为整体经验的科学,依赖于生物个体或中枢神经系统。我们将在两个方面检验这个定义,即从直接方面,作为心理学的一个合适的定义;也从间接方面,作为指向物理学和生物学的特征。那么,让我们从否定的一面开始,消除某些不适合于我们定义的观点。

首先,按照冯特的建议,它并不要求我们从生理学事实中抽取心理学事实,或者用生理学解释心理学。这样的目的与阿芬那留斯的概念完全不相符,这个概念谈到的定义的依赖性完全是逻辑上的,与数学上的功能的依赖性是一样的。如果神经系统被看做是相互关系中具有逻辑优先权的成员,不管是形式上还是实质上,都不意味着心理学的题材能取自神经病学。总的说来,这种相互关系的状况本身,是科学所能给予的全部"解释"。说阿芬那留斯把心理学还原为关于"脑的应用生理学",是对其目的的误解,是对他所讨论的普遍性的歪曲。①

其次,像冯特再次建议的,这一定义并不要求我们追随生理学,或者说等待生理学的成熟。我们会尽可能耐心地等到生理学有一个长足的进步。我们从一定的观点来看待经验,当我们一旦建立起这种观点,我们的工作仅仅是描述我们看到的每一件事。即使生理学在它目前的发展水平上停滞一段时间,也没有理由认为心理学不应该进步。进步不应该不确定,进步的速

---

① 参看冯特,《心理学的定义》,《哲学研究》,1895年,第12卷,13页、27页;《朴素的批判现实主义》,出处同上,1897年,第13卷,409页;以及《论文集》,1910年,第1卷,498页;1911年,第2卷,124页、137页。

度当然会减慢,因为进步的生理学对心理学来说有明显的优势。提出特殊问题,加快研究计划,竞争会更加激动人心,争论也会开始。所有这些行动将促进心理学的顿悟,也使人们对心理学知识提出挑战。① 相互联系的功能上的协调性,毕竟是我们借以开始的东西。只要我们不再把这种逻辑上的依赖性转化为物质上的依赖性,那么,对心理学来说,我们便不会否认我们一直在不断实施着的主动权。正确地理解定义,至少是没有危害的。②

最后,通过参照一个"个体",这个定义没有把作为私人的或不能分享的心理经验与共同的、可分享的其他科学经验区分开来。③ 如果它让我们把经验看做是以某种特殊的内心方法依赖于认知主体,那么将会有如下结果:在这个意义上说,认知主体永远是个人意识的中心。但认知主体与心理学的关系,同它与生物学和物理学具有的关系是一样的。④ 而且,定义中的"个体"本身在科学上被定义为生物学的个体,而神经系统是生物学最著名的部分。那么,无论何时,神经系统的兴奋过程,在生物学上是相同的,而在此,相互关联的心理学上的经验是共同的和可

---

① 参看立普斯(Lipps)和弗莱奇塞西(Flechsig)之间的争论,《第三届心理学国际会议》,1897年,68页以下。

② 冯特,《哲学研究》,1895年,第12卷,19页,以及《论文集》,1911年,第2卷,130页。我们没有理由说明为什么在因变量的范围内形成共存的、统一的心理学"规律",而这因变量与神经系统内发生的统一事件相关。另一方面,这样说有点危险,像屈尔佩所说的,它是心理学内部的依赖性。

③ 闵斯特伯格(H. Münsterberg),《心理学原理》(*Grundzüge der Psychologie*),1900年,第1卷,72页。心理学处理"我的"愤怒、"我的"记忆、"我的"期望,处理经验,而经验依赖于这个,那个,以及其他的神经系统——或者,更确切点说,依赖于具有一定变化范围的概括化了的神经系统。

④ 我们有时不要忘记,机智的物理学家和机智的生物学家并不比机智的心理学家更少"个体性";而且,物理学或生物学的事实,在某些情况下,仅仅对物理学家和生物学家来说是可观察的。

共享的。在这方面,心理学和自然科学的区别是:自然科学的陈述具有普遍效度(universal valididy),其变异的增加或减少被认为是"观察误差"。而心理学的陈述遵循神经系统中实际发现的变异范围,具有分布效度(distributive valididy)。这与实际在神经系统中发现的离差全距是一致的。就生物学的"正常状态"接近物理学的普遍状态而言,就心理学经验的可共享性接近物理学经验的可共享性而言:的确,由于"异常"部分可由正常来实现,方法仍然是较接近的。这样,我们可以向正常视觉的人呈现一个像部分色盲者看到的那样的环境,用这种方法就能使得异常经验成为可共享的。而正是非常不同的心理学见解把心理学家关在了"自己的心理过程"之中。

那么,如果我们仅仅满足于这些消极的检验,我们就没有必要在接受阿芬那留斯的定义作为心理学合适的定义时犹豫不决了。我们仍然考虑到生物学和物理学,但这个定义给予心理学家一种与生物学的肯定关系。因此,用不着生理学的磨刀石来磨砺,这个定义就能保证心理学的题材像经验本身那样广泛,而不用设立"个体"心理学家不可能超越的禁忌(tabus)。所有这些都是令人满意的——然而,我们不能说我们满足了。如果定义符合前一章的结果,那么,从积极意义上说,定义必须是合格的,或者可更改的。

当阿芬那留斯在科学背景上谈到整体经验(erfahrung übedamrpt)时,他把自己的意思赋予"经验"这一术语。经验主义哲学没有价值观理论,它把价值观转化成了喜好(givenness)对所发现事物的评价,因此,评价出现在其科学"经验"之中。① 另一方面,我们已经确定科学经验是随时随地都存在的。客观世界既是科学的发现,科学给文明的礼物;又是科学的局限,是科学能了解的唯一的世界。② 作为生理学家和心理学家的冯特,在此是一位比阿芬那留斯安全得多的向导。就像我们看到的,阿芬那留斯既不是生理学家,又不是心理学家,而是一位哲学家。③ 但碰巧的是,我们在先前的讨论中,强烈要求修正阿芬那留斯的公式,使其具有科学性。那么,心理学就是依赖于神经系统的存在经验的科学。

§10. 生物学环境

因此,我们已迈出了第一步。能否朝着这条路迈出第二步呢? 也就是说,能否指向生物学的特征呢?

表面上看来,我们面前的道路是平坦的,因为生物学先于心理学发展起来,而物理学又比生物学发展得早一些(从广义上看,物理学这一词,不仅包含物理学本身,也包含化学和物理化学)。而且,因为心理学家所探讨的客观存在的经验依赖于明确的生物系统,这样——通过定义的类比——生物学家所探讨的客观存在的经验依赖于明确的物理系统。然而,问题在于,这种形式是否起作用,是否其作用的发挥依赖于明确的自变量。虽然它具有明显的逻辑起源,但迄今为止人们尚未确定上述事实,

---

① 参看在《科学哲学杂志》(1879年,第3卷,71页)中对阿芬那留斯的个性评价。
② 参看闵斯特伯格,《原理》,1900年,第1卷,56页。
③ 参看本书113页。如果一个人可以如此,冯特对心理学的态度属于天性或个人气质使然。然而,他受到了他自己关于心理学与"心灵"科学关系的观点的干扰。

这意味着材料的获取很困难。明确的物理体系还没有从一般的物理学的背景中突现出来。然而,最近的调查证明,诸如定义要求的体系始终处在我们的控制之下。神经系统(或其生理学上的等同物)之于心理学,就像环境之于生物学一样。

人们或许会提出反对意见,环境这一普通生物学的准专业术语,与明确的物理学体系的内涵相去甚远。虽然在实践中有人对许多生物学方面的论文持反对意见,但我们认为在理论上它不再起作用。因为亨德森(Henderson)的工作已经证明"环境"并不比神经系统更不明确。

亨德森从生物学和物理化学两个方面接近他的主体。从有机体是复杂的、持久的、新陈代谢的这一概念出发,通过消除过程,把"环境"分解为水和二氧化碳,他就能够特别精确地追查两个变量相关或"互逆关系"。"没有由其他已知元素组成,或者缺少水和碳酸的其他环境",能以类似的方式"在我们称之为生命的有机体机制中促进复杂性、持久性和能动的新陈代谢"。从物理化学"体系"的特征和物质的特性出发,他又得出了同样的结论:碳、氧和氢"具有一种独一无二的整体性",这些特性在物理科学各个可能的方面使演化过程获得了最大的自由。因此,确立这些条件实际上是为了数量众多、形式多样、持续周期长的(物理化学)体系、阶段、组成成分和活动的存在(相对于物质特性的其他可能的安排)。这样,不管是从生物学上把它看做有机体的补充,或是从物理化学上把它看做要素和物质集合体(elements and aggregations),这种"环境"用阿芬那留斯的观点看,具有一个体系的所有特点,而且还为生物学提供一种自变量。

这种变量在本质上是可与 C 系统相比较的。①

当然,生物学最终的定义必须由生物学家自己来评判。外行能做的只不过提交给专家进行评判。比如,按照汤姆森(J. A. Thomson)的解释,②它与我们的心理学定义类似,填补了我们注意到的逻辑上的缺陷。这是通过亨德森对环境的双重研究明确提出的,而且毫无疑问,马赫、屈尔佩或艾滨浩斯也提到过,因此这一研究开展得比较早。此外,目前为止,还不曾有其他的生物学定义,正如我们曾经说过的,生物学家的观点是决定性的。

根据阿芬那留斯的观点,我们可以把物理学定义为客观存在的经验的科学,而这些经验又是相互依赖的。在此,不存在逻辑的优先权问题。因为方法论的原因,自变量在物理学内提出,而因变量要参照自变量。但这一研究的独立性是依赖于下一个研究的,而且,对于科学的整体来说,所有相似的变量都是相互依赖的。心理学和生物学的特殊的逻辑依赖性,把它们与更多的基础科学联系起来,因而被物理学自身领域的多重依赖性所取代,或者用别的、更具体的话说,心理学和生物学都不能按照能量来揭示客观世界,而只有物理学能够做到这一点。③

---

① 参看亨德森(L. J. Henderson),《环境适应》(*The Fitness of the Environment*). 1913 年,63 页、271 页,《自然的秩序》(*The Order of Nature*),1917 年,209 页。作者从他的事实中作出目的论的推断,而这是我们不能接受的。

② 见 97 页。

③ 不存在有"生命"的能量,也不存在生物学内部的依赖性(无生命的因果性),参看注 60,及 75 页。

系统心理学：绪论

§11. 三种典型的科学

我们现在已完成了我们任务的最初一半，而且，我们可以就达到的任务水平概括一下结论。我们已代表心理学对三种基本观点和相应的题材提出了适当的解释，对一切涉及现实世界的科学来说，客观存在的经验世界，有三种典型的或有代表性的科学——物理学、生物学、心理学——它们从不同的角度来观察世界。这样，就使我们了解客观存在的不同方面。如果我们要确定心理学的基本观点和题材，我们就必须在与同等科学的相互关系中去考察心理学。我们对题材无话可说，但从基本观点方面来看，我们也许会写出如下要求不同的定义：

心理学是一门关于客观存在的经验的科学，在功能上或逻辑上依赖于神经系统（或其生物学上的等同物）；

生物学是关于客观存在的经验的科学，这种客观存在的经验在功能上或逻辑上依赖于物理环境；

物理学（包括化学和物理化学）是关于客观存在的经验的科学，而这种经验在逻辑上或功能上是相互依赖的。

就科学事实来说，第一个定义中的神经系统，只是完全用生物学的术语描述；然而，其作为心理学自变量的精确范围（precise limits），不是直接从生物学中总结出的，而是由定义赖以存在的功能协变性的范围决定的。这样，第二个定义中的"物理环境"，就科学事实来说，是物理学上的描述；但物理学本身对物理内部的环境系统一无所知，其范围又一次从物理学和生物学的协变领域中提取出来。物理学在逻辑上先于生物学，而生物学在逻辑上先于心理学。但它没有必要遵循"神经系统"是生物学意义上的系统,或者"环境"是物理化学意义上的系统。这两个系统是由自变量和因变量的互惠关系单独构成的。

那么,从基本观点看,这些工作定义虽没有完全确定,却是有用的。因为,在目前的科学水平上,它们似乎是合适的,它们没有变化,它们既没有改变我们对科学体系的看法,也没有指责我们已观察到的事实,和我们从事实中总结出来的规律。① 他们所做的(这肯定是它的一大功绩)直接解决了某些历史性争论的困惑。②

---

① 也许应该注意到,在用刺激代替兴奋的实例中,生物学对物理学逻辑上的依赖,我们证明是正确的。而心理学对生物学在功能上的依赖仍然是未知的。

② 我们应该记住,心理学争论的焦点是有关相互作用论(interactionism),身心平行论(parallelism)和副现象论(epiphenomenalism)的术语;生物学的争论集中于机械论(mechanism)和活力论(vitahism);其中有些已在前面的注释中提到过。他们当时讨论的这些问题对科学是极为有利的,但对我们来说却是无聊的。因此,一种新的倾向一定会受到欢迎。然而,这些无聊的问题改变了形式,注入了新的内容,正以一种方式重新出现。这样,我们既不希望我们自己说了最后的这句话,也不能代表我们的学生去忽略科学的历史。

第三章

心理学的定义：题材

§1. 定义：题材

根据假设，观点与题材是密切相关的，我们不能轻易接受仅用于解释观点的阐述，而必须进一步调查当前属于物理学、生物学和心理学的题材是否和这些学科的不同观点相一致，相一致到何等程度；如果不一致，我们就要进一步询问，是否我们自己的观点错了，或者是否该题材不合适。我们的兴趣首先在于心理学。具体说来，就是全面评价那些心理学家的观点，他们往往通过某种特定的心理学题材来对他们的学科下定义。我们不能——幸运的是不必——处理诸如物理学和生物学方面的题材。

即使受到这种限制，我们仍然极有可能无法控制目前这一章的篇幅，因为有许多作者从哲学中得出他们的"心理"的定义。如果是这种情况，我们就应该作出个人的判断，领会每一种意义的背景，以及每一种内涵的细微差别，我们不仅要检查科学心理学的定义,而且必须了解其所依据的哲学基础。考虑到我们所关心的是科学,哲学处在我们讨论的能力和范围之外,我们将忽略这些个别差异。我们将一个接一个地探讨心理学题材的典型定义,系统地阐述这些定义,使用同样普遍的术语来评价它们。因此我们要控制大量逻辑上成分各异的材料,如果我们被迫作出个人解释,也不必害怕非常不公正的事情会发生。因为一个不适当的定义即使以概念形式进行表述,也难以通过特定的短语或派生词而变得适当。

§2. 主题例证

在谈及定义之前,我们首先必须注意到心理学教科书的作者采用实例吸引读者的习惯。通常通过一份表格来介绍这个主题,表中或多或少地排列着书中所要讨论的各种现象,有时这份表格是一个正式定义的解说性补充;有时它是最终得出的确切定义的开端和可有可无的替代物;有时它取代了定义,就这一水平来说,熟悉的具体事物要优于不熟悉的抽象事物。[①] 因此论证取代或增强了语词定义。

要不是长期习惯的缘故,这种教学式的方法早就该放弃了。因为经验充分证明了这种表示方式是模棱两可的,求助于它可能是一种严重误导。实际上,从专业意义上说几乎没有什么心理学术语受到限制而不能用,然而有许多心理学专业术语的含

---

① F.布伦塔诺(F. Brentano),《经验观点的心理学》(*Psychol. vom Empirischen Standpunkte*),1874 年,第 1 卷,103 页;H.闵斯特伯格 (H. Münsterberg),《心理学纲要》(*Grundzüge der Psychol*),1900 年,第 1 卷,67 页。

义与日常生活用语不同。如果心理学处理观念,逻辑学也同样处理观念;如果心理学处理想象,美学也同样处理想象;如果心理学处理意愿,伦理学也同样处理意愿。此处已经存在混乱的危险。然而如果我们毫无保留地把流行语汇的意义归咎于心理学,则危机大大增加。当我们被告知心理学必须对付我们的怀疑和错误,我们的原理和观念,我们的愿望和意见时,这种说法实际上使我们远离科学的定位,而仅仅以自然常识的态度来证明,即使加入一些准专业术语,也是无济于事的。比如,一位以常识观点来探讨科学的读者,当他面对一份把"观念"(ideals)和"颜色知觉"(Sensation of colour)归于一类的表格时,他会发现自己越是想尽力弄明白,越是变得稀里糊涂。①

列出这样一份表格的心理学家,号称是为初学者准备了一系列例证,实际上是为他自己做的。他系统阐述了他自己的定义。他辨别普遍的特性,或采纳了一个观点,这一观点把表格中各种各样的项目全部捏在了一起。他知道他的索引中不会包含"错误"这个词,而只有专业的"错觉"(illusion);他的索引中不包含"原理"(principle)这个词,而只有专业术语"问题"(problem)和"确定"(determination)。对他而言,这种转化似乎是无害且显而易见的,在他写导言之前就完成了。② 然而读者却处于不大快乐的状况中,他所遇到的心理学方面的题材永远是以一系列特殊问题的形式出现在面前,所有这些问题都必须通过某种未知的手段来产生同样的答案。

---

① 布伦塔诺,在上述引文中,H.艾滨浩斯(H. Ebbinghaus),《心理学纲要》(*Grundzüge der Psychol.*),1905年,第1卷,Ⅰ页。

② 特别参考艾滨浩斯的E.迪尔(E. Dürr)版本,《纲要》,1911年,第1卷,Ⅰ页;1913年,第2卷。布伦塔诺(在上述引文中),运用举例的表格来预期他自己心理现象的分类。

我们并不是说这种论证的表现方式必须放弃,而仅仅是说如果要用这种表现方式,就必须审慎地修整成符合作者明确或暗指的能够表达心理学题材的定义。气质将决定一本书是以定义方式展开还是(让我们说)以缪勒—莱伊尔(Miiller-Lyer)的错觉来展开。这是指,在以后的事件中,对错觉的处理必须是严格意义上的心理学处理。

§3. 外在的与内在的

如同心理学和自然科学各自的领域一样,从作为例证的心理现象表格,到"内在的"和"外在的"两个世界的区分,只是一步之遥。正如我们在"观念"和"颜色知觉"的例子中所提到的,这份表格令人迷惑地掺杂着各种成分,若把它看做整体会使人什么也看不懂。因此,心理学家把它分解开来,将某些项目——思想(thoughts)、情感(feelings)、愿望(wishes)、决心(resolutions)——归于一组,表明彼此有某种类似,彼此是相关的,虽说它并非就是它们共同所具有的,至少它们与物理世界的客体无任何相像之处。因为物质的东西是我们身外的东西,是"外部"世界的客体,自然就把另一组划分为"内部的",作为内部世界的客体。的确,一旦人们赋予它们名称,这些名称似乎就非常适合它们了。

"感觉"(sensations)仍然是个谜:颜色和声音,温度和阻力,以某种方法表现为属于两个相似的世界。因此,在这里,心理学家必须再次求助于常识,这次他做了专业的区分。他解释说,当感觉被看做个体经验时,它们严格说来是"内部的"事件,属于思想和情感这一组。另一方面,当感觉被看做感觉本身,独立于任何个体经验时,它们构成了自然科学题材的一部分。

因此两个科学世界是由根本不同的客体组成的,与我的欲望不同的客体是很丰富的,对这些宝贵资源的拥有造就了我,第一种客体显然是"内部的",第二种则是"外部的"。然而有一部分重叠的区域,需要作进一步的解释。当我们看到铜的颜色,感觉到钢的硬度时,这种颜色和硬度的内在性成分并不比我想要拥有这个铜矿的愿望更少。同样的颜色和硬度,当涉及光的反射和一种物体的密度时,就完全是外部的了。如果感觉的这种双重性使得事情变得复杂起来,它仍然有使人放心的一面:尽管两个世界之间严格地划定界限,但又不完全分开;主题的重叠暗示我们的科学在本质上是一个统一体,特别是心理学拨开了重重疑云,变成物理学的科学补充。①

这种说明很吸引人,然而经不起检验,即使我们轻视对常识的这种或多或少公开的呼吁,它仍有两个致命的弱点。

第一个弱点当然是对内部和外部世界之间重叠部分的认识。看到的颜色,体验到的红铜色,与光波反射系列中的物理颜色并不相似。所以问题马上就出来了:了解任何重叠的根本理由是什么?随即人们又提出与之相反的问题:如果我们认识到重叠的存在,为什么我们要把它局限于感觉领域?结果形成了这两方面问题的争论。也有心理学家拒绝了所有公众的想法。"感觉"既完全回到自然科学中来,又成为一种中立的"现象学"

---

① 这种解释本质上是艾滨浩斯的解释,《纲要》,1905 年,第 1 卷,2 页以下。在认识论这方面见闵斯特伯格,《纲要》,1900 年,第 1 卷,68 页。在"内在的"和"外在的"一般区别方面,参看阿芬那留斯,《科学哲学杂志》(Vjs.),1894 年,第 18 卷,142 页,150 页以下。

(phenomenolcgy)的题材,而这种现象背离了物理学和心理学这两个方面。还有其他一些人认为物理和心理颜色之间的现象差异并不小——比思想和制约思想的神经过程之间的差异程度更大;如果在这一个例子中我们归属于内部和外部的现象"最终"是一样的,那么它们也可能存在于其他情况中。我们不必接受这两种冲突的观点,但事实上它们已经提示我们,"感觉"的分裂仅仅是切断乱麻上的结,而纠缠不清的乱麻仍如从前一般。

然而还有更多的困难存在。尽管我们承认思想和情感形成相关现象的一个自然群组,同意把这个"内部的"群组与外部世界的现象区分开来,我们仍然无法形成心理学题材的一个真正的定义。"内部的"和"外部的"是图像化的术语,涉及空间,它们是指征性的,而非描述性的。如果它们要获得科学的意义,就必须与某些属性的差异联系起来,这些差异要详细进行描述,就需在科学水平上对事实进行观察。如果找不到这样一种差异,我们就没有必要用图像化的术语来表达。尽管直接区分"内部的"和"外部的"使我们迈出了可喜的一步,不再将各种原始粗糙的例子一锅烩,但它并不能使我们筑起通往目标的道路。

§4. 扩展和非扩展

人们常说——现在我们达到了旨在定义的目标——物理和心理之间的属性差异是由于存在空间特征或缺乏空间特征造成的。培因写道:"客体,或者称为客观世界的这个部分,确切地说是受扩展(extension)这种特性约束的。主体经验的世界缺乏这种特性……因此,一旦发生什么事情,如果心灵投入了全部的

主体经验,我们就可能用一种单一的事实,即缺乏扩展的事实来消极地定义。"①

把人类经验世界分成一个扩展的,通常称之为物质的世界,和一个非扩展的,通常称之为心灵的世界,这种分法似乎被普遍看做是排中律(the logical law of excluded middle)的直接应用。然而那种规律对心理学毫无作用,甚至连反作用也没有。当然我们可以十分周全地说这个世界既是扩展的,又是非扩展的,但如果我们把"既……又"(either-or)变为"两者……都"(both-and),那么,我们已经离开了形式逻辑这个基础。而如果我们进一步把"两者……都"归因于分类的详尽无遗,这种详尽无遗的分类归属于"既……又",那么我们面临的将是更多事实的挑战。这个世界现在是由两类,也是唯一的两类现象组成:扩展的或物理的,其整体是物质;非扩展的或心理的,其整体是心灵。为了整个科学的利益,我们必须提出这种分类是否确实周全的问题;为了心理学的利益,我们必须问一问是否制定了有效的划分界限,是否非扩展的心灵世界与形成单一科学的题材配合默契。

就第一个问题而言,显然这种分类并不周全,除非其整体是生命(life)的充满活力的现象(vital phenomena)被证明是物质的,以至于生物学消失在物理学中。培因在他的科学分类中宣布"生物学进入了一个完全崭新的现象领域",因为生命体(living body)不仅服从物理规律,而且服从"作为生命体自己的

---

① 培因(A. Bain),《心理和道德科学》(*Mental and Moral Science*),1881年,I页;《感觉和理智》(*The Senses and the Intellect*),1868年,I页;闵斯特伯格,《论心理学的任务和方法》(*Ueber Aufgaben und Methoden der Psychologie*),1891年,7页;《心理学纲要》,1900年,69页。布伦塔诺把集中(localisation)与扩展(extension)配对,《经验观点的心理学》,1874年,第1卷,Ⅲ页以下;霍夫勒(A. Höfler),《心理学》(*Psychologie*),1897年,4页、349页。

特殊规律"。① 这一声明与我们在前一章的见解一致,阻止了对物质和心灵经验的二分法。

第二个问题,即是否为心理学制定了有效划分物质和心灵的界限,使人们更清楚地看清扩展这一词汇的模棱两可性。在最普遍的意义上,我们可能认为这个术语意味着任何种类的扩散或弥漫,并没有专门涉及物理学教科书中的狭义空间(centimeter-space)。在那种情况下,培因的区分是无意义的。我们不能认为"主体经验的世界缺乏这种特性"。心理学的历史表明,主体经验的世界具有这种特性,只不过,它们存在于心理的观察之中。但我们也可以假设在狭义的用法上,扩展意味着物质的或"外部的"空间性,始终如一的、可测量的物理空间。然而如此解释这一词汇,并不是说就是用单一特性对客观世界作了精确描述。扩展宁愿作为构成物质特性的一个因素而出现,也就是作为其他特性中的一个特性,我们没有理由给它一个在时间和惰性上的优先地位。因此,除非我们准备把心理尽可能看做短暂的、无生命力的——在它们的物质意义上使用这两个形容词——否则我们仍然不能接受培因的区分是有意义的。②

仍然存在着非扩展的同质性问题。应该指出的是,心理学(psychology)与"心理科学"(mental sciences)的关系长期以来一直是,今后也将继续是争论的问题。特别是我们可以再次引述培因的话来反驳他自己的观点:在他关于科学的分类中,他

---

① 培因,《逻辑学:i. 演绎》(*Logic*: *i. Deductive*),1895年,27页。
② 如果诸如"三角的满意"(a three-cornered satisfaction),"一码长的沉思"(a yard-long reflection)这样的表达中存在逻辑上的不相容性,假如可靠(the solidity)和半小时(the half-hour)是在物理意义上被采纳的,那么在"心满意足"(a solid satisfaction)、"半小时的沉思"(a half-hour's reflection)中也存在逻辑上的不相容性。

把逻辑从心理学中划分出来，使之成为一种"独特的现象分支"。① 但如果这种划分成立的话，他显然就不可能把非扩展看做心灵，把心灵看做心理学的题材。

我们得出了相应的结论，把心理现象"消极定义"（negative definition）为缺少扩展的，并不意味着它就是合乎逻辑的，如同其倡导者所认为的那样。我们可以忽略其哲学的起源。如果我们反映出全部情况，就会看到它所依赖的是逻辑上不能接受的假设。

§5. 意识的与无意识的

在扩展二分法中，物理现象得到了肯定，心理现象受到否定。在另一种或许更为熟悉的二分法中，这种关系是相反的：经验世界被划分成意识的和无意识的两种，心理被看做是意识现象，心灵便是意识的总和。因此心理学终于获得了一个肯定的定义。②

然而，众所周知，"意识"这个词是模棱两可的，③因此"意识的"这个形容词是否足以用来划分现象的一个特殊类别，还需作进一步的讨论，而且必须在两种不同的前后关系中进行讨论。因为把独立存在的"意识现象"（phenomena of consciousness）作

---

① 作品引用，25 页。
② 此外，为生物学考虑，没有意识的（not-conscious）进一步细分为活着的（living）和非活着的（not-living）。毫无疑问，从形式上看这种分类比通过扩展来分类显得优越。
③ 最有权威性的章节是培因，《情绪和意志》（The Emotions and the Will），1880 年，539 页以下。也可参看艾斯勒（R. Eisler）《哲学概念词典》（Wörterbuch der Philosophischen Begriffe），1910 年，第 1 卷，177 页以下。

为心理研究的特定对象的心理学家,现在分裂成两个主要派别,一派是"机能"(function)心理学,强调的重点在于经验心理学的生物方面;另一派是"意动"(act)心理学,强调的是意向方面。① 两者的相似之处可以追溯到亚里士多德(Aristotle)。② 但是不论他们拥有多少共同之处,动机的差异促使我们有必要对这两个派别区别对待。

在探讨"机能"心理学时,我们首先要逐一检查有代表性的体系,然后把它们放在一起进行评论,看看这些学派的宗旨是什么。以意识概念为基础的体系,即使思考的切入点一致,也是难免有所不同的。大家一致发现在不同的机能心理学中对生物方面强调的侧重点不同。对于赖德(Ladd)来说,"意识流"(stream of consciousness)是生命、心灵、意识的总和,是有机体"在发展过程中独特的、生活的全部"——有机体一生的生活总是与其肉体生命相联系的,但在"某种程度上又是独立于"肉体的。机能心理学是研究这种心理有机体的机能或活动的科学。③ 另一方面,安吉尔(Angell)把意识看成是一种器官的机能,④一种控制

---

① 在这一意义上,机能心理学特别属于美国,意动心理学属于德国。最近的英国心理学通过斯托特(G. F. Stout)[《分析心理学》(*Anal. Psychol.*),1896年,第1卷,36页、40页]已经受到布伦塔诺的影响。

② 把意向论归于亚里士多德,是根据他的有关感觉与感觉的对象关系的学说,以及思想和思想的对象关系的学说。也可参看他的声明,记忆和想象的对象与思想和欲望的对象是同样的。

③ 赖德(G. T. Ladd),《心理学,描述与说明》(*Psychology, Descriptive and Explanatory*),1894年,638页、659页以下;《心灵的哲学》(*Philos. of Mind*),1895年,400页以下,特别是405页;赖德和伍德沃斯(R. S. Woodworth),《生理心理学原理》(*Elements of Physiol. Psychol.*),1911年,656页以下。

④ 安吉尔(J. R. Angell),《心理学》(*Psychol*),1904年,79页。在1908年,省略了95页的短语,但这段意思仍是一样的。

现象。① 他宣称,"心灵,似乎包含这个支配仪器",借此"有机体生命的适应作用可以进行得最为完善"。② 贾德(Judd)则综合了上述两种观点:首先,意识代表一种有机体的机能,是类似消化或运动机能的某种东西,在有机体为生存而进行的斗争中发挥着它的作用,因此它被看做最高级的动物——人类的一种"属性"。③ 以后,了解了自我,人类拥有了意识,并在生物有机体中找到它的最接近的类比物。④ 我们可以在这位作者系统的分类、安排和相关的强调中找到这类差异。但它们与我们面前的这个问题无任何直接关系,它们不会破坏机能学派基本的统一性。

我们不能以同样的理解方式来对待"意动"心理学。因为我们很快认识到个体差异不仅无法避免,而且也是十分重要且基本的,主要的体系和步骤必须分开来考虑。当然,布伦塔诺提供给我们起点和永恒的参考点。除了布伦塔诺,我们也借鉴了麦农(Meinong)、斯顿夫(Stumpf)、利普斯(Lipps)、胡塞尔(Husserl)、屈尔佩(Külpe)这些个人或他们学派中的某些成员的观点。因此我们中断这个讲解的过程,为的是比较和对照两本实验的意向心理学(intentionalistic psychology)教科书:一本是威塔塞克(Witasek)的《心理学基础》(*Grundlinien der Psychologie*)(1908),这本书是对麦农观点的系统化;另一本是梅塞尔

---

① 安吉尔,"机能心理学的范围"(The Province of Functional Psychology),《心理学评论》(*Psychol Rev.*),1907,第14卷,88页。

② 《心理学》,1908年,8页。在1904年第7页中,"心灵似乎是支配工具"。也参看1904年,50页、86页及1908年,64页、103页。在两个版本中,心灵是"完成有机体对它的生活条件最有效调整的工具"。1904年,379页;1908年,436页。

③ 贾德(C. H. Judd),《心理学》,1917年,4页,161页;"进化与意识"(*Evolution and Consciousness*),《心理学评论》,1910年,第17卷,84页。

④ 《心理学》,274页以下。

(Messer)的《心理学》(*Psychologie*)(1914),在很大程度上,我们可把它看做是对屈尔佩后期观点的系统化。离题很有用,它将揭示在本质上和程度上的相同和不同,因此有助于我们对这个意动体系作进一步的探讨。然而,在此要重复的是,我们不可能遵循研究机能心理学所用的同样的程序。我们首先要了解关于心理现象分类的这些体系的意义,其次要探讨的是他们处理这种现象,也就是感觉和注意的两种方式。题目的选择并不是任意的,而是受这个重要体系的先驱者启发的。它促使我们笼统地得出某些与意向有关的一般结论。

§6. 赖德的心理学

我们可能要谈及作为机能体系典型代表的赖德的心理学定义:"就其本身而言,它是描述和解释意识现象的科学。"[①]赖德说,意识不能进行严格的定义,然而其意义可以通过对比而得知。"我们清醒时候的状态,与我们进入完全无梦的深度睡眠时的状态相对比,或者感觉到有人往头部吹了一大口气——那就是意识。当我们逐渐进入无梦的睡眠,或者我们慢慢晕过去,我们的意识越来越模糊;当室外人群的嘈杂声将我们从午后瞌睡中慢慢唤醒,或者当我们脱离伤寒的危险期,我们的意识越来越清醒,——那就是意识。"[②]至于其余的,他归之于"整个人类的心灵反映","外部事实和意识的事实之间的区别,如同每个人实际

---

① 赖德,《心理学:描述与说明》。
② 出处同上,30页。

所作的那样,提供……这一个特有的持久的心理学观点。"①

一定要对这个难下定义的事物下定义是很愚蠢的。如果要处理这个难下定义的事物,我们只能要求列出证据。然而,我们必须坚持列出的证据清晰而不模棱两可,通过这种聪明的做法(做这件事有些自相矛盾),我们就可使自己确信假如这个作者能够系统地阐述定义,他的定义便是这样的。正如我们刚才看到的,赖德尝试通过与无意识的对比来列出意识。但是我们也有些不安地注意到,当心理学涉及意识的事实或现象时——它是"我们"(We),而不是这些处于意识中的事实,意识易受程度多少的影响。假如人们普遍认识到,作为科学研究资料的"外部事实和意识事实之间存在差异",那么可以肯定这种差异应该能按事实本来的面目得以证明,而辨别出这种差异的"我们"应该被撇在一边。此外,如果这些事实是科学研究的资料,那么这些事实必须既是"意识的事实",又不是"意识的事实",不能把这些事实的本质改变得多些或少些。人类的生物性并不比阿米巴(amoeba)多多少,这条山间小溪的物理性也不比尼亚加拉河(Niagara)少多少。

赖德的阐述——至少迄今为止把心理看做是"意识现象"的科学——并非因此没有反对意见。但我们必须从它们所处的状态来考虑,看看赖德进行专业讲解时,他所指的意识现象究竟包含哪些内容。

一位受过普通教育、智力中等的人,回顾他从晕厥或高烧中复原的过程时,无疑会说出"意识"的逐步恢复过程。他的叙述

---

① 赖德,《心理学:描述与说明》,3页。

意味着逐步认识到自己和周围的事物，逐步认清自己和周围的事物。现在赖德意欲用自己的专业术语"意识"①来精确表达这种种不同的认识。他告诉我们，一门科学的心理学必须应付的每一种"意识状态"便是在同一时间内"智力活动（intellection）的事实，情感（feeling）的事实，意向（conation）的事实"。② 智力活动显然是一种认识方式：是否智力活动意味着普通的辨别活动源于对相似性的认识，③或者是否它可以包括从这个抽象的"感觉"，通过知觉和观念，形成判断的整个心理活动系列。④ 因此，就此范围而言，当每种意识状态都包含智力活动时，在这种较狭义的智力意义上说，意识总是认识。然而情感也是一种认识方式，它使我们认识到自己的存在；⑤意向也是一种认识方式，它是一种活动的认识。⑥ 因此每一种意识状态同时是事实的认识、价值的认识和活动的认识——是这三种基本的认识因素的不可分割的认识结果。⑦

因此，赖德得到了他的体系的出发点，但他并不绝对坚持他

---

① 这两个术语往往交替使用。见，例如，作品引用，166 页、290 页、293 页以下、296 页以下，300 页、310 页、322 页、328 页、331 页以下、379 页、422 页、517 页、523 页、530 页、636 页；赖德和伍德沃斯，《生理心理学》，430 页、512 页、681 页、685 页。从《心理学》第 11 页的这些段落来看，它们的确是绝对同等的。

② 《心理学》，33 页、58 页、172 页、264 页等。

③ 出处同上，33 页、288 页以下，特别是 293 页。

④ 出处同上，93 页、235 页、251 页、357 页、430 页等。

⑤ 出处同上，170 页。参看情感可能先于观念或比观念存留时间更长的学说（181 页）；提供这些例证来证实情感的几个属性（比如，170 页），以及情感是一种完整的认识因素（不仅仅是认识的决定因素，或者是认识的影响因素）[53 页、510 页以下；《认识哲学》(Philos. of Knowledge)，1897 年，95 页、124 页、165 页]。

⑥ 《心理学》，83 页、216 页、219 页；《心灵的哲学》，1895 年，87 页以下。

⑦ 不是在我们先前讨论的意义上理解"事实"，而是以常识的态度来理解"事实"。参看，例证，《心理学》，17 页、19 页、50 页等；对于价值，参看《认识哲学》，124 页。

的解释。因为这些是作为心理学基本资料的意识状态,当它们从属于某些"自我"(self)或"我"(I)的时候,彼此之间的确是相互联系,然而却不一定与内在的"自我"相关联。它们的意识不一定是一种自我意识。① 另一方面,赖德将恢复期解释为"他"逐渐意识到,他和非他的"状态"。观察者可能逐渐认识到我们所看到的这种"状态"、"事实"或者"意识的现象",只不过是神志清醒,而不可能是实质内容的增加或减少。

然而赖德的解释不仅仅如此。他指出成为心理学题材的意识状态所发挥的作用不止这些,它必须成为一种"认识对象",② 但它会成为一种只能通过内省(introspection)或自我意识得到的直接认识。③ 因为这种观察活动本身是一种意识现象,整个意识状态作为心理认识的对象,不仅是意识,而且是自我意识,意识的意识。这种状态仍然是不可分割的。但是如果我们求助于逻辑抽象,那么第二种意识,"即事实的(意识)现象",可能被看做观察活动的"内容"(content),(意识)现象的认识被看做对象。④ 观察者以这种方式进入意识领域,意识的程度就此范围来说也是合理的。

然而我们还不能就此结束。从意识活动中如此抽象出来的"内容"仍然是意识,因此也必须容许对主动性和被动性作同样区分。感觉、观念、情感、意向可能被动地看做意识的"内容"。⑤

---

① 《心理学》,31 页、523 页。
② 出处同上,1 页、4 页、7 页、9 页、32 页等。
③ 出处同上,9 页、15 页、523 页等。内省也被称为自我意识和反映的意识。
④ 出处同上,32 页;参看 37 页、49 页、289 页以下。赖德在使用"主动的"和"被动的"术语中是变化的,见 46 页、83 页、916 页、216 页等。
⑤ 出处同上,309 页。有关情感方面似乎是不一致的,参看 19 页、163 页、523 页。

对它们的描述和解释构成了心理学的一半内容。另一半意识（更广泛意义上的意识内容）被看做是主动的,如智力活动（或相同与差异的意识）、反应性情感（心理紧张、确信）、注意。① 赖德着重强调"科学心理学的任务就在于既要确切地描述和解释具有积极主动功能的意识现象['智慧功能'（function-wise）的意识],又要描述和解释被动现象特定的性质和数量（'智慧内容'（content-wise）的意识]。"② 因此,他明确地将这一主张运用于"我们可以从意识流中获得并区分开来的单个的意识状态",那就是运用于他称之为事实的现象。同样他也把这一主张运用于"每一种这样的状态从中发生的意识流",那就是包括已知的认识在内的全部意识。③

显然,赖德使用了两个不同的"意识"概念:作为构成"我"的经验的意识状态总和的意识概念,以及作为这个"我"本身观察活动的意识概念。如果单独的这些状态是意识,那么不应该有或多或少的意识,但是赖德用这些状态的意识特点去同化自我观察的意识特点,就能够笼统地谈及意识的程度。他把心理学的全部论据,意识的意识,本质上看做是整体,但是通过逻辑抽象将其分成认识的意识（awareness knowing）和已知的意识（awarenness known）,意识的活动或功能和意识的内容。然后他又再次通过同样的抽象方式,运用同样的术语把已知的意识,意识的内容分成活动或功能和内容。这些划分显然是人为的,在心理事实范围内没有真正的划分界限。我们必须假设——因

---

① 出处同上,288 页以下;308 页、213 页、289 页。
② 《心灵的哲学》（*Philos. of Mind*),86 页。
③ 《心理学》,290 页。

为似乎没有什么逻辑原因说明为什么它们永远不应该重复①——就此而言,它们对于系统的说明是很有必要的。赖德本人不仅在各种便利的场合,而且在其论文的大量篇幅中证明它们是正确的,因为它们指出心理学,诸如意识现象的科学,远比仅仅对被动"内容"的描述和解释有更多的内涵。②

§7. 赖德的评论

我们评价赖德对一门科学的题材,心理现象的定义,将主要从几个方面着眼。首先我们考虑的是:(1)这个定义把心理学放在公认的科学群体内的哪个位置。

观察,对事实的直接意识,对赖德来说似乎在各门科学中都有等同的地位,检查(inspection)和内省(introspection)之间不存在区别。③ 但当我们转向了解事物的这种直接方法和方法所指向的对象之间的关系时,我们发现心理学是"特别的,的确是独一无二的"。对于观察而言,其本身是意识的事实,又与所观察到的意识的事实融合在一起;"无论现在还是过去,它都不能

---

① 布伦塔诺借助他的纵横交错(eigenthümliche verwebung)避免了无限的倒退,参看我的《思维加工的实验心理学》(*Exper. Psycol. of the Thought-Processes*),1909年,47页。赖德(《心理学》,35页)对布伦塔诺的四重意动作了批评,但似乎没有认识到把他自己牵扯在内的逻辑困难。我知道一种逻辑上的倒退并不一定是错误,但在这种情况下,赖德的体系没有倒退不易理解,而倒退本身的属性是(它对我来说似乎是)不易理解的。

② 当然赖德的"生理心理学"像心理学一样,仅仅是一门科学的组成部分,并不是一门有组织的完整的科学。见赖德和伍德沃斯,《生理心理学》,381页、430页、542页、597页、625页、656页、664页。

③ 《心理学》,特别是17页。这一事实,即心理现象"通过注意这种使它们成为认识对象的特别行动是可以迅速地大量地加以改变的",似乎类似于检查。见18(§3),305页、318页、367页等。

与所观察到的作为事实的现象区分开来"。① 我们自己关于心理学方法的讨论必须放在以后进行。在此我们只能注意到赖德在有关基本方法和题材之间的关系方面,把独一无二的心理学从所有其他科学中划分出来。

我们可能称之为逻辑结构(logical constitution)(因为想要一个更好的术语)的心理学题材对赖德来说也是独一无二的。我们记住意识状态的同时,总是记住认识的事实、感情的事实和意向的事实。"这种属于各种意识状态本身的多样化中的统一性是非常独特的,对此我们不仅应该强调包含多样化的统一性,而且还应该强调寓于统一性之中的多样化。"② 赖德通过列举单个的意识状态,把这种独特的结构归因于心理活动的整个过程。③

然而心理学的题材不仅在逻辑结构方面是独特的,而且在自我决定(self-determination)方面也是独特的。描述性解释的心理学受"以相当费解的方式内在决定的自身过程"④的局限,引导我们"认识到一种独特的自我能力的存在"。由于在它的数据资料中存在着难以预测的因素(incalcalable surd)——无论它的作用可能局限在哪些方面——从而再次使心理学区别于其他

---

① 《心理学》,32 页、319 页、530 页等。参看《心灵的哲学》,160 页:"认识主体和对象……构成人类充满活力的统一体。"

② 《心理学》,36 页、172 页。

③ 那就是存在"对我们可以观察到的心理发展过程赋予连续性这一特点的原理。在有机体身体进化的各种形式中……进化的各种因素和阶段具有某些自身认可的存在价值。但心理发展的情况并不是如此,每一种因素(factor)、才能(faculty)和阶段(stage)都是为了它自身不断涌动的生命运动的意识而存在"。出处同上,659 页。意识状态的统一性和多样化"是作为心理发展的基础存在的这种特别的连续性原理的例证"。见 661 页。

④ 出处同上,338 页、662 页,作为第四点,我们可能附加这一事实,即心理学认可与哲学的一种"相当独特的"关系。出处同上,638 页;《心灵的哲学》,71 页。

科学。

因此,科学心理学存在三个与它的科学伙伴完全不同的特点。

显然"科学"这个词如果要保留着,就要赋予它非常灵活的含义。事实上,赖德并不是把科学心理学安排在公认的科学圈子内,而是安排在未被公认的科学圈子的一个位置上。①

(2) 但是,赖德有他自己的科学定义。他说:"存在这样的科学,无论在何处找到的事实都可依相互之间的关系以及与其他类型的事实的关系来加以描述和解释。"②因此,我们必须考虑的第二个问题便是出现在赖德论文中的作为科学心理学数据资料的"意识的事实"的本质。

纵观其文章,赖德始终坚持意识现象可被看做智慧内容——被动存在的事实和智慧功能——主动获取的事实两方面。③ 据此,他给自己确立的任务也是两个方面:他必须描述和解释每一种典型的心理现象的内容和功能。的确,他必须描述和解释作为一种特定功能的适当媒介物的特定内容,以及作为一个特定内容的相关活动的特定功能。这本身就是一个非常困

---

① 赖德对这些"公认的"科学是非常认真的:比如,《心灵的哲学》,6页以下。但是这一事实,即他通过心理学的三个(或四个)独特的特点把心理学与其他科学区分开,其他科学没有发现,但他却发现了。

② 《心理学》,658页,接下去一句的"断言"(affirm)显然应该改为"否认"(deny)。

③ 赖德观察到"没有内容的精神不安(psychosis)等于根本没有精神不安;一般不存在意识的现象"(《心灵的哲学》,85页;参看《认识的哲学》,200页和《心理学》,30页)。他在《心理学》中经常谈到,意识似乎是"离开""实际的心理事实",又添加到"实际的心理事实"中的某些东西;我们获悉"意识的心理活动"(214页),"意识的智力活动"和"意识的精神"(296页),"意识的心灵"(305页),"意识的观念"(600页),"意识的意向"(623页),"意识的意志行动"(657页)以及"意识的注意"(666页)。同样的短语也出现在赖德和伍德沃斯,《生理心理学》,380页、463页、642页、671页、676页、679页,这些疏忽进一步证明赖德的意识概念的不稳定性。

难的方案,但是赖德受到他工作中使用到的术语"意识"的双重用法(我们已经提及)的拖累,"意识"既意味着"我的"意识,也意味着精神极度不安时的内在意识。例如,考虑一下"方便的抽象"(convenient abstraction)产生的感觉。每一种感觉都是既主动又被动的,一种"心理的能动性",以及一种被动获得的"印象"。作为主动性的一面,它应该是主动意识,主动地认识到"属于感觉对象的性质"。但是,根据赖德的解释,即使本质上被看做是主动的,对"我"来说,它也变成一种"信息内容"。"我的"感觉"具体表现为所知觉的物体的性质,而我的感情和思想都没有这样的具体表现"。因此,应该属于感觉本身的功能从感觉转化为所有感觉归属的"我"。①

因此,在这种情况下,存在着不该出现的损失;另一方面,在早期智力活动中,又过于浪费。智力活动作为主动区别的意识是"内在的",是每一种意识状态的"一个组成成分",所以具体的一种精神不安(psychosis),其本质便是自我辨别和自我受到辨别。然而,如果我处在对我所注意对象的意识状态中,则辨别意识就会"伴随"(accompany)现在这种被动的事实,"我"的辨别意识应该用来辨别精神不安本来具有的辨别活动(虽然必须记住这两种活动是等同的)。这一点或许容易明白,但确实不太清楚我的这种附属辨别力如何帮助区分自我已经受到区别的"内容"。两种辨别活动,准确地说是同一种辨别活动,在此发挥的作用似乎表明一种就足够了。②

---

① 《心理学》,93页以下。
② 出处同上,33页、288页。

在另一些情况中,意识的重复导致十足的逻辑混乱。比如,假设我通过最初的注意,使我考虑的这一被动对象处于意识状态中,最初的注意因此成为心理能量"扩展"到这种状态的不同方面或不同时刻的程度。而每一种积极的心理状态都有同样的心理能量的程度等级,注意反过来不断地依赖这种心理能量。赖德尝试通过这两种声明"不同的方面只能用于研究同样的事实"来理顺他的逻辑。但他留下的这个事实似乎仍不过是一种替代物。①

这类难点一次又一次使学习赖德心理学的学生感到困惑。这一体系处理的"意识的事实"既模棱两可又不稳定,它们是积极主动的又是被动的,是心灵的推动力和科学的资料,它们是意识,我能意识到它们。此外,它们扮演有组织的角色,不考虑省略、重复和矛盾冲突,以致这出戏的情节趋于丧失。

(3)情节本身,我们必须补充的一点是——由心理学的材料组成的体系——显示出一种类似的模棱两可。比如,赖德宣称,这种心理生活(mental life)从一开始,就对计划作了明白的允诺,所以"意识不到最终目标的存在,心理生活就不可能是科学的";而他又主张"为了尝试对心理生活作出科学的解释,心理学首先应强调被动的一面,也就是整个发展的外部决定的一面,这样才是正确的做法",似乎计划都是看不见的或不可操作的。②意识范围内的功能和内容在此并无区别,却普遍存在两种对心

---

① 《心理学》,74页、78页、83页、621页。有关"心理能量"(赖德没有提出定义)见39页、41页、44页、64页、78页、83页、132页、261页、386页等。

② 出处同上,266页、414页、664页,《心灵的哲学》,203页;《认识的哲学》,473页等。

灵的截然不同的心理态度。我们还可在对待才能(faculties)的问题上看到对一件事物有两种处理方法的尝试,赖德在所有文字中既接受又拒绝才能学说。他在正式的参考文献中,谈到所谓的才能既无用又危险;但在心理评论中,仍然多次重复这个概念,建设性地运用这个概念。① 此外,人们对赖德关于心理成分的看法也抱着同样的批评态度。他自己随意使用"混合"(mixture)、"调和"(blending)、"合成"(fusion)以及"联合"(association)这些术语,对我们却宣称,这些术语是象征性的,只是用来代替"婉转的说法"。品味是否像是"味觉、嗅觉、触觉元素的混合"? 主体视觉是否是一种"视觉与触觉和运动感觉的混合体"? 读者要寻找一种婉转的说法来清理头绪看来是白费劲了,只能被迫得出这样的结论,即赖德的逻辑是尝试对同样的题材既说是又说不。②

(4)因此,在资料和所应用的逻辑都是模棱两可的地方,或许没必要极力主张这个结果不是一个有组织的体系。但是,鉴于目前讨论的是应用于心理学题材的"机能"和"内容"的概念,我们不能忽略这种形式上的评论。我们大体注意到赖德的体系

---

① 《心理学》,33 页、45 页、49 页以下、60 页、288 页、317 页、380 页、409 页、455 页、490 页、612 页、659 页、664 页。特别是:(1)第四章以"所谓的'心理才能'"为题。赖德使用"所谓的"是个人惯用的手法,一开始或许是作为一种防御性反应,用来推卸运用不确切的语言可能要负的责任。因为,从"一般的称呼"(What is ordinarily)到"错误的称呼"(What is falsely called)的任何事情上,这种手法都与他相伴,结果对他也就没什么帮助了。(2)形容词"无用的"(futile)和"危险的"(dangerous)不太强烈。因为我们被告知(51)像"才能"之类的词无法解释,它们在分类上用处不多。它们的用处,即使小心谨慎地,也"可能引起……对心理生活的发展不适当的错误的解释"。(3)对于采用这个概念可能引起的严重后果,见诸如 380 页、490 页的这些段落。

② 下面一句(出处同上,235 页)是很有特色的:"不能放弃现代心理学的内省和实验的分析,因为不管重复解释几遍,某些读者还是会对我们必要的象征性术语产生误解。"参看 18 页、23 页、37 页、38 页等。

在每个方面都打破了束缚。

赖德着手三位一体的认知、情感和意向(conation),其中意识的"时刻"(moments)或"方面"(aspects)被看做内容和功能。这些是他的心理体系有关材料的假设,但结果证明它们是不合适的。比如,认知的研究把我们及时带到再认记忆的问题上,我们科学的进步在此受到抑制。再认(recognition)是"一种独特的(sui generis)心理反应形式,当它取决于某些条件时……仍然具有一种超越所依靠的条件的独特性质"。① 同样,情感的研究把我们引到义务感和道德情操方面。"这两种形式的道德感都是独特的。它们为什么会在个体身上产生,为什么有那种特性,彼此之间为什么相互关联,随着认知的发展,它们实际上所具有的是心理学无法回答的问题。"② 最后,意向的研究把我们带向意志(volition),从"心理上考虑,我用意志力影响观念、情感和愿望比观念、情感和愿望影响最终的'我意欲'(I will)显得更真实些"。③ 所以不存在单一的心理方面,单一的心理发展组成成分,因为功能和内容都是足够复杂多样的,这个体系把认知、情感和意志分裂开来了。

毫无疑问,赖德无法在"意识现象"的特殊分类基础上建立起一门心理科学。我们根据它的一般情况和关系来查看他的"所谓的"科学,发现它处在与所有公认的科学区分开来的境地。我们只要浏览他所讲解的内容,就会发现他的计划尚未进行。

---

① 《心理学》,382 页、397 页、399 页、401 页。
② 出处同上,581 页以下。
③ 出处同上,618 页、625 页、635 页、638 页。

同样,我们只要考虑他的体系的逻辑性,就会发现其模棱两可的程度并不比它所应用的材料少。我们现在已经检查了他的工作所取得的成果,发现他不可能形成一个体系,但我们仍想问一句,他的失败究竟是一个特定作者的失败,还是他的"诸多"心理学假设的失败。①

---

① 安吉尔和贾德的体系必然极少受到评价,部分是因为它们迄今为止仅在教科书水平上运用,部分是因为它们的作者对机能和发生(genesis)比对内容更感兴趣。然而我们可能注意到下面几点。对安吉尔来说,心理学是意识科学,意识是认识(《心理学》,1908年,1页、222页、366页、442页等)。就主体而言,意识是自我的观察活动,"我们"直接意识到思想和情感、知觉、表象和情绪(参看84页、302页、401页等)。就客体而言,或在内容方面(广义的内容),意识表现为结构或内容(狭义的)和机能两个方面(例如,201页)。意识状态在机能上具有统一性,但通过逻辑上的抽象,可分为认知的和情感的(302页、436页)。[注意的观点是模棱两可的。注意似乎是一种主体意识的机能,在客体一意识方面是一种结构;在客体一意识内显然没有可区分的注意的机能。80页以下。]认知机能和情感机能本身都是认识的方式,认知是提供资料的(109页、170页等),情感是评估性认识(302页、382页等)。因此,就一般纲要而言,安吉尔的体系非常像赖德的体系。

对贾德来说,心理学同样是意识科学(《心理学》,1917年,1页、5页;研究行为是为了理解和解释意识,这种意识是认识(2页以下、329页等)。然而,认识总是"某人"的认识;它是有意识的"一个人",或"这个观察者"或"这个个体"或"这个儿童"(141页、155页、301页等)。"意识过程"可根据神经过程来分类,表现为熟悉的双重性。与探讨智慧内容的感觉相对的是探讨智慧机能的情感和注意的态度(66页、146页以下),在机能方面,知觉包含融合、定位、区分、识别的活动,简言之,就是相关的感觉活动(163页、191页等);另一方面,这些活动的产品或结果就是相关联的事实,更有序的内容的知觉(175页、191页等)。记忆的内容以表象形式存在,表象基本上取代了感觉和知觉(241页以下),其活动由根据联想律进行的回忆构成(244页以下)。观念提供给我们更加有序的内容,精确描述的困难(246页),以及诸如概念、抽象、概括、判断和推理(263页以下)之类的活动。最后,我们有自愿选择的个性,即心理活动的一种有组织的整体(308页),指向于自身是"经验组成成分"的"观念"(306页、309页)。

仍然存在"某人"具有多种形式和多种程度意识的问题。贾德的说法是,我们必须设想意识过程的研究使我们成为有见解的自我,作为一个整体的存在——一个像"生命的存在"(living being)一样的"意识存在"(conscious being),是一个有组织的整体(274页以下;参看263页)。自我通过一体化拥有和更改意识状态(274页)。然而,因为"自我"和"个性"(personality)这些术语交替使用——要使"自我是知觉和形成观念的存在"(274页)这一说法,与"个性是由于印象、直觉、有意识的比较和想象的作用与相互作用而发展起来的个人特性的总称"这一说法和谐一致——是很困难的。见上面160页。

§8. 结构和机能

相应地,我们转向考虑一般机能体系的共同特征。① 似乎存在四条原则或四种趋势,我们可以把它们看做是这个学派的特征。

(1) 所有机能心理学家都能明确或含蓄地认识到意识的"活动"或"机能"与"内容"或"结构"之间的区别。当然它反映了有机体机能和有机体结构的生物区别,生理学和形态学的生物区别。这里,所谓"生物的区别",主要是服从流行的说法,实际

---

① 这不是为机能心理学写文献目录的地方。我提供一些早期的参考资料,引述两篇论文:詹姆斯(W. James),"有关内省心理学的某些省略部分",《心灵》,1884年,第9卷,18页;《心理学原理》,1890年,第1卷,478页。艾滨浩斯,《心理学纲要》,1897年,第1卷,161页以下(1905年,第1卷,176页以下;迪尔进行了修改,1911年,第1卷,175页以下)。铁钦纳,"构造心理学假设",《哲学评论》,1898年,第7卷,449页以下;"构造和机能心理学",出处同上,1899年,第8卷,290页以下。鲁克米奇(C. A. Ruckmich),"在心理学的教科书中运用'机能'这个术语",《美国心理学杂志》,1913年,第24卷,99页以下。达伦巴哈(K. M. Dallenbach),"'机能'这个词作为心理学分类术语的历史由来",出处同上,1915年,第26卷,437页以下。

安吉尔指出:"构造心理学首先把自己孤立起来。"(《心理学评论》,1907年,第14卷,63页)广义上说,那种提法很确切,机能心理学需要整个领域,然而从历史的角度看,事情并不那么简单。美国已经出现了鲍德温(J. M. Baldwin)《心理学手册》,1889~1891)和赖德(1894)两种公开的机能体系。此外,早在1887年,赖德在其《生理心理学》一书中就蓄意把实验观察到的全部事实归入"心灵属性"这一机能主义观点。在"构造的"这一眉题(catch-word)出现在有争议的场合前,机能心理学家们意识到的某些不安已持续存在整整12年了。反对意见的首次记录[斯克里普彻(E. W. Scripture)的《新心理学》(*New Psychology*),1897年]是在物理学的关键词中而不是在生物学的关键词中发现的。斯克里普彻的尝试证明是失败的,部分原因在于时间、空间和能量这些物理学概念不适合心理学的资料,部分原因在于他把他的新心理学看做由旧心理学中直接发展而来:"在材料上没有差异,在观点上没有变化。"(453页)"构造"心理学,如它的名字所暗示的,认识到相关的机能心理学的存在;它仅在要求内容和活动具有平等权利这一方面使自己孤立起来,这样做是对机能的独裁表示抗议。在那个时代的"生物学"氛围中,这个短语对争论很有用。如果人们接受我书中的观点,那么作为"心理"合格证明的"机能的"和"构造的"现在都是过时的术语。

上,这种区别不是科学上的区分,而是技术上的区分。人类生理学接受了这种区分,而且发现它是有用的,在比较生理学发展初期这种区分也是有用的。在严格的科学水平上,却不能进行这样的区分。① 它仍然出现在生物学教科书上的原因,主要是技术上的:这种区分主要出于教学法的目的。即使在医学界,鼓励刻板的专门化也是要受到批评的。

不过,在"生物学的"情景中,有时要求助于常识,这种关系似乎有一定的道理。被人们比作机器的心、肺、手、脑显然"适用"于它们对之有益的"目标"。我们寻求意识内容和意识机能的任何可能的协调一致,却是白辛苦一场。按照赖德的想法,"多种多样"的"感受器形式"弥补了"在所有心理状态中展现的形式相对较少的有机体活动"。② 如果内容是用来适应机能的,那么[如"象征性表象"(representative image)的事例中]机能必须用来理解内容,这样内容就变成一种实际存在的机能。③ 这种尝试并不表明,严格说来可观察的"内容"是各种形式的心理活

---

① 出现在诸如詹宁斯(H. S. Jennings)的《低等有机体的行为》(*Behaviour of the Lower Organisms*)(1906年),和哈尔登(J. S. Haldane)的《作为呼吸生理学例证的有机体与环境》(*Organism and Environment as Illustrated by the Physiology of Breathing*)(1917年)这样的著作中;也可参看金斯伯利(B. F. Kinsbury),"从胚胎学家的观点看有机体的适应性",《科学》,1913年,第38卷,174页以下;"哺乳动物卵巢的间质细胞;家猫",《美国解剖学杂志》(*Amer. Journ. Anat*),1914年,第13卷,79页;"人类咽喉的发展",出处同上,1915年,第18卷,374页以下。显然把生物现象等同于物理化学过程的那些人不需要机能的概念[见洛布(J. loeb),《被迫的运动、向性和动物行为》(*Forced Movements, Tropisms and Animal Conduct*),1918年],但这个观点在此不予以考虑。

② 《心理学》,53页以下,特别是57页。

③ 出处同上,234页以下、244页以下、376页。米勒(D. S. Miller)("在心理分析中机能和内容的混乱状况",《心理学评论》,1895年,第2卷,536页)参考物理原因和结果的不相似性遇到了这个困难。但内容并不遵从机能正如原因不遵从结果一样,物理的原因和结果同样都是充满能量的。

动的合适的工具或基础(substrates)。

因此,自然要问——为什么,抱着何种希望,心理学要服从"生物学的"指导,在其题材中寻找与有机体的结构和机能类似的东西,对这个问题的回答涉及历史背景。从历史的角度来看,以赖德为代表的机能心理学代表经验主义的利益,避免在科学的法庭面前提出抗辩。不断增加的经验事实面临杂乱无章的威胁,必须加以精确计算,机能和内容的区分提供了一种可以适当从属于经验系统的工具。如果不利的情况将要产生,那么实验心理学现在就能够使自己成为一门独立的科学,而经验学家已经赢得了时间,一个用于调整的喘气机会,也已经获得了一系列工作概念,借助其帮助,可能减少了中断的时间。赖德所预期的事情显然来自其所有的工作,是传统经验主义的新生。他的再建构所遵循的特定方式是当时的科学背景决定的。数学、物理并不是独特的现代"科学",生物学才是现代科学。如果生物学按照结构和机能进行思考和讲话,那么心理学就不必顾忌考虑同样的思想,使用同样的语言。由此而产生了一种新的经验主义心理学,其实质与旧的经验主义心理学一样,但或多或少能更有效地以当代科学为借口加以伪装。由此,我们可以看到心理学匆匆忙忙地借用,却不能保证把借到的东西适当地转化为心理学自己的东西。我们可以进一步看到,心理学所求助的生物学,实际上并不是一门科学的生物学,而是习俗化的、通俗化的生物学。因此,这种新经验主义心理学所谓的应该接受科学权威的检验,是很自然的事情。

(2) 机能体系倾向于把意识现象与不灵敏不合适的神经系

统联系在一起。詹姆斯评论道,"当神经过程犹豫不决时,意识才是紧张不安的"。① 有机体一遇到现有的神经组织无法处理的问题时,意识就参与进来,消除这种错综复杂的情况。"直接出现的意识伴随着皮层活动,注意到刺激的性质,以及它唤起的不同的肌肉反应"。② 采纳这一观点似乎应有所保留,因为一般说来它没准备对出现的意识负责,或者说不能对意识充分负责。相反,在特殊有机体的生物学的限制范围内,这种没准备或准备不充分的情况,只需要一些额外的敦促或激励,就能克服。像安吉尔这样的作者显然多少有所保留,他们直言不讳地宣称"意识活动出现在反射行为无法适当满足特定情境需要的地方";"如果这种反射和自主行为完全有能力引导有机体的行为过程,那么就没有理由假设意识的出现"。③ 杜威(Dewey)等其他一些人主张,神经传导通路中存在的困难增加了意识的清晰度,但并不完全赞成意识首先出现的理论。④ 因此存在某些

---

① 《原理》,1890 年,第 1 卷,142 页。虽然詹姆斯赞成用机能心理学来反对构造心理学["人的力量"(The Energies of Men),《哲学评论》,1907 年,第 16 卷,2 页],但他并未在《原理》中给我们一个机能心理学的体系。他给我们从心理学家的观点来写的有关认识的原理。如果我们根据对心灵的这种解释来阅读他的著作,就会发现缺乏计划的批评指责[詹姆斯讨厌这种指责,《教科书》(Text-Book),1892 年]是毫无根据的。

② 安吉尔,《心理学》,1918 年,64 页。

③ 在上述引文中,安吉尔把他的讨论局限在人类意识。"为什么"人类婴儿应该受到特定群组遗传下来的共济器官的限制,他把这个问题交给"生物学家"回答。这样人们可能移交许多其他的问题,因为环境对所有有机体都一样,"为什么"人类婴儿应着手进行他遗传得到的共济器官对此不能胜任的新的尝试,"为什么"已经进行尝试了,他又该受到他的意识能力的限制?等等。生物学家,就其是科学家而言,将保持谨慎的沉默。

④ 所以至少我理解了这些讨论。见杜威,"情绪理论"(The Theory of Emotion),《心理学评论》,1894 年,第 1 卷,553 页以下;1895 年,第 2 卷,13 页以下;"心理学中反射弧的概念"(The Reflex Arc Concept in Psychology),出处同上,1896 年,第 3 卷,357 页以下;"成就心理学"(The Psychology of Effort),《哲学评论》,1897 年,第 6 卷,43 页以下。

细节上的差异。① 不过人们普遍认为,就人而言,意识存在的条件就在于神经组织暂时的不完善状况。②

这类观点与意识首先是主动的机能,其次才是被动的内容这一观点,似乎存有逻辑联系。因为如果意识为我们提供某些器官的服务,那么它就会在某些特定的(没有意识或超意识)器官装置缺乏的场合有用武之地。根据我们目前的思路,这意味着某些大脑机能的缺乏。但我们可以在每个成年人的经验中发现积极的证据,我们已经学会了写字、打字、骑车、弹钢琴、开摩托车。我们知道当最初的问题不再困扰我们时,熟练的活动变得自动化了,意识"控制"的需要越来越少;我们发现意识"介入"的次数越来越少,迫切性也越来越低,直至最终消失。还能提出更多更令人信服的证据以证实意识的作用机能吗?习惯的形成难道不是心理活动过程的典型事例吗?③

我们此时会在机能心理学家熟悉的领域里遇见他们,也就

---

① 麦独孤(W. McDougall)在不同的地方表达了同样普遍的观念,见"心理学方法上的一次改进"(A Contribution Towards an Improvement in Psychological Method),《心灵》,1898年,第7卷,159页以下;"在心理—物理过程的活动中心"(On the Seat of the Psycho-physical Processes),《大脑》(*Brain*),1901年,第24卷,607页;"注意过程的生理因素"(The Physiological Factors of the Attention-Process),《心灵》,1902年,第11卷,341页;《生理心理学》,1905年,59页。当赖德认为意向或有意识的奋斗是"所有心理现象中最基本的现象"(《心理学》,219页)时,可能他正采纳了一个类似的观点。但赖德和伍德沃斯反对杜威和麦独孤的理论(《生理心理学》,1911年,610页以下)。

② 贾德["进化和意识"(Evolution and Consciousness),《心理学评论》(*Psychol. Rev.*),1910年,第17卷,77页以下]对这条规则有不同的看法。只有当有机体内部组织的复杂性达到一定阶段时,意识才会出现(94页)。最初由来的问题——这种意识来自何方——尚未提出(92页),然而作为重组核心的意识机能已经出现(93页)。组织程度越高,也就是有机体越是具有充分的自我能力,则发挥的作用越大,意识发展的水平也越高(80页、88页)。一句话,意识既是有机体组织的产物、标志,又是有机体组织的原因。

③ 此时贾德是一致的。"习惯的心理学常常对这样的说法感到愧疚,即习惯化导致无意识。实际并非如此"(《心理学》,1917年,207页)。

是说,我们必须承认他们的假设,即作为心理学题材的意识是认识。问题在于,我们的意识活动实际上不是经常要解决的问题。难道只有当我们在探索、理解、熟悉术语,尝试理解的时候(就这些内容来说),我们才在意识吗——或者,运用其他语词,是否也可以暗含对问题的解决和解决问题的迫切性呢?未必如此。必定存在一种渴望的觉察,存在一种沉思的觉察。我们并不是一直在学习某些新生事物,或对某一新事物进行实践,直到它成为旧事物。有时,当我们晒太阳时,我们意识到正在沐浴着阳光——此时,我们虽然敏感地意识到,却并不"觉得需要进一步了解环境中的细枝末节"。① 生活中既存在一种富于战斗性的意识,也存在一种成功的意识。不仅如此,还存在这样一种意识,即当战斗进行到一半时,安静地靠着休息,俯瞰所占据的地形。一种狭义的工具性意识理论非常接近生物学上的"生存斗争"的荒谬的归纳(reductio ad absurdum)。

(3) 至今为止,我们已经讨论过的两个特性——对内容和活动意识的区别,以及意识的任务,特别是积极主动的意识对于有机体生存的作用——取决于机能体系的表层,而在深层始终显露出目的论的顽固倾向。对科学史的嘲弄之一就是,使我们在研究生命现象时从目的论中解脱出来的生物学上的伟大的概括,在后达尔文时代将引起对目的论"解释"的放纵。② 生物学已经遭受而且仍在遭受那种放纵。不过,生物学再次为心理学提

---

① 安吉尔,《心理学》,1908 年,74 页。注意这个短语的内涵!以安吉尔的术语描述过的意识,作为"适应的感觉过程",在此提前实现它自己的功能。

② "如果我们正确理解'物种起源'的精神,那么根据普遍的理解,没有什么东西比达尔文的理论能够更加完全彻底地用来反对目的论";赫胥黎(T. H. Huxley),"对'物种起源'的评价"(1864 年),《世俗的训诫,讲演和评论》(Lay Sermons, Addresses and Reviews),1887 年,264 页。这是"拒绝目的论的目的论者选择的最佳材料所蕴含的"精神——廷德尔(J. Tyndall)这样谈及达尔文[《报告 B. A. A. S.》(Report B. A. A. S.),1874 年,1875 年,Lxxxvi.]。参看 E. 杜布瓦—莱蒙[E. du Bois-Reymond],《拉美特利》(La Mettrie),1875 年,23 页]。

供了明显的科学对比。生物学家根据最终的目标谈到,整个生物学体系弥漫着目的论的色彩,心理学没有理由比科学更为科学。我们已经看到赖德思考的结果:有目的的组织活动对因果关系(或类似因果关系)内容的作用,不可避免地混淆了对他的心理学来说最为基本的意识概念。我们在安吉尔的书中发现了类似的模棱两可。我们所说的心理在此"似乎包含了一个高明的装置(the master devices)",通过这种装置,"有机体的适应性作用可以发挥得最为完善","我们可以在有机体对其生活条件的适应性反应中,寻找到意识的真正职责"。① 但当我们在探寻高明的装置和真正的职责时,我们却被告知,基本的区别是"明显包含意识的某些神经活动类型与明显不包含意识的其他一些神经活动类型之间的差别"。意识只是"解决问题的适应性行为"的"指标"。更加不对的是,如果我们说"似乎心理以一种完全独特的方式参与并带来神经系统活动的变化",我们正运用"方便的隐喻","一种方便的简略表达",这种表达不会使我们看不清"隐藏在背后的基本事实"。② 这就是目的论要求她的孩子作出的逻辑牺牲。

然而,孩子们就不可能有过错吗?机能心理学家对他的目的论就不可能粗心大意吗?它是从老的经验主义流传下来的,是由哲学和技术所保证的,为生物学的实例所证实的。那么它滑入目的论的陷阱是不足为怪的!难道我们就以此为借口,无情地将目的论从科学心理学中剔除吗?

人们当然希望机能主义体系对它们的地位不那么自信。因

---

① 作品引用,8 页、95 页。
② 出处同上,59 页、300 页。

为"意识流从一开始就作为一种潮流去执行一定的任务",①这是一件广为证实的事情。另一件事就是把心理学的事实和规律、心理学的细节构造成一个手段和目的相一致的体系。在心理学中作为一种科学构造工具的目的论,事实上既笨拙,又模棱两可。心理学家可能坚持他所期望的最终目标,却无法使这些目标胜任精细的观察;②他可能回答了许多为什么,却仍要直面对他的正面解释持怀疑态度,而他却难以作答的为什么不(Whynots)。③ 我们仍然要坚持那些最终目标,如果它们最终被心理学所承认,那么就会被看做拯救了心理学。把这些目的论注入心理学体系中,并不足以使我们转向伦理学或历史,也不足以把我们放入普通生物学背景中,更不足以混淆"纯"科学和"应用"科学的区别。心理学为了每一题材的利益有它自己的主张。④

但是,没有理由认为任何一种目的论,甚至最具自我意识、

---

① 赖德,《心理学》,668 页。

② 贾德写道:"对科学来说幸运的是,存在一些实例,在这些实例中同样一个人能够直接观察到正常的颜色知觉和部分色盲的系列。"(《心理学》,90 页)对于描述性科学来说确实很幸运,但依据贾德的意思,对于心理学又是如何幸运呢?红—绿视觉的发展如何帮助人们为生存而斗争呢(4 页)?或者通过"独特的折中过程",产生了紫色的知觉,人们又得到了什么(93 页)?这些问题以及类似的问题均未触及。

③ "人们长期以来忽略了盛行的电能形式和光电之间的密切关系,是因为我们没有……受微弱电流影响的特殊器官"(贾德,作品引用,72 页)。但是,就算这些事实是固定不变的,就算促进这样的认识是有用的,我们为什么没有这种特殊的器官?——因为很显然,已经产生了"带电鱼"的生物条件也有能力产生人的一种电感官。

又:"我们没有像苍蝇那样微小的眼睛。我们也没有像鹰一样的远距离视觉……人类的视力范围取决于人类可能的反应范围"(132 页)。参看霍森(W. H. Hudson),《在巴塔哥尼亚的闲散时光》(*Idle Days in Patagonia*),1893 年,183 页。然而就没有人借助显微镜和望远镜扩展了他的视觉反应吗?不又在运动方面,在感觉方面就没有工具(249 页)可用了吗?参看斯宾塞(H. Spencer),《心理学原理》,1881 年,第 1 卷,365 页;维纳(O. Wiener)《论感觉的扩展》(*Die Erweiterung der Sinne*),1900 年。

④ 在拥有目的论的条件下,这种题材怎么可能完全退出视野,见泰勒(A. E. Taylor)的讨论,《形而上学原理》(*Elements of Metaphysics*),1903 年,306 页。

最具坚持性的目的论,可以满足这些主张。整个科学史都提出相反的意见。我们可以坦白地承认目的论的观念在特殊场合有启发性,某些研究者对此曾经提出过要求。① 同样这些研究者仅仅偶尔求助于目的论,并没把它作为研究的指导原则,这也是事实。最终目标长期来被排除在过去的科学领域之外,它们只能在正确知识贫乏的地方(按比例相对而言)发展,这仍是事实。手段和目的的解释倾向于封闭式的调查,因此阻碍了科学知识的进步,这还是事实。特别值得重视的是,生物学在对目的论原则做了大量尝试后,果断地从最终目标转向实验室实验和观察资料的耐心积累——以至于"进化"、"遗传"(heredity)以及"顺应"(adaptation),这些我们曾经用来召唤目标的手段,现在纯粹变成实验室笔记本的描述标签。因此整个科学史表明目的论基本是非科学的。如果情况属实,就没有必要在"心灵生活的科学"中"引入目的论"。②

(4)最后,这种目的论倾向威胁着心理学作为一门独立科学的稳固地位。机能系统心理学的出现是过渡性的,既是向哲学顶峰艰难攀登的一个过渡阶段,又是走向各种应用科学的一个过渡阶段。它是旅途中的旅店,而不是永久的居所。个体心理学家可能盼望这个目标或那个目标,也可能两个目标都期盼。换言之,他们既考虑气质(temperament),又顾及训练(training)。他们不满足于心理学的现状,至少这是这个学派的观点。他们的心理学,无论怎么说,都在寻求提高自己。在此情境中做

---

① 马赫(E. Mach)《感觉的分析》(*Die Analyse der Empfindungen*)等,1900年,60页。引用的这个例子不是物理的而是生物的。我在《认识与谬误》(*Erkenntnis und Irrtum*)(1906年)中找不到任何承认目的论对物理学有启发价值的文字,虽然这本书包含大量目的论的思考。

② 赖德,《心理学》,668页。

这些事,不是为了自我的拯救,而是为了达到某些更高的目标。

比如,赖德在哲学的立场上作证。他说,"哲学的问题,所有有关心理的问题在于尝试完全理解和满意地解决科学心理学的问题。这些沿着心理学研究的几条不同主线,科学地处理问题的尝试,都达到了科学可以把这些同样的问题转交给哲学的地步"。① 因此心理学具有作为哲学的预备学科的价值,哲学太难太复杂,缺乏引导性资料,难以进行直接研究。但心理学家在科学地位上,不能与物理学家、化学家或生物学家相提并论。相反,他在心理学方面的工作时间越久,就越坦白地承认他不能直接处理自己的问题;他越有才能,他成为哲学心理学家的时间就越快到来。

另一方面,贾德强调心理学对于理解,随之控制人类生活和人类风俗习惯的重要性。他的普通心理学专门有一章谈到"心理卫生学"(mental hygiene)的准则,通过遵循这些准则,"当心理发展成为自主控制的一类东西时",个体就能达到机体组织的最高水平。他在另一章中谈到心理学的常规应用,即它在文学和美学中,在社会科学和人类学中,特别是在教育中的应用。诚然,他认识到心理学与哲学的关系"比与任何特殊学科的关系更亲密些",但这种认识是形式上的,是小心谨慎的。意识研究的主要兴趣在于,它给出了了解人类本性的钥匙,我们因此能够明智地引导个体和社会的行程。②

虽然无须进一步的事例说明,但是让读者清楚地理解这些

---

① 《心灵的哲学》,1895 年,73 页;《心理学》,12 页。参看安吉尔,"构造和机能心理学与哲学的关系",发表在《芝加哥大学十周年纪念集》(*The Decennial Publications of the University of Chicago*)(1903 年,第 3 卷,55 页以下)上;《心理学》,1908 年,9 页以下。

② 《心理学》,1917 年,314 页以下,特别是 324 页、299 页、309 页等。

特定的例子意味着什么样的内容还是很有必要的。在此,问题的关键不是科学教科书的作者应该把自己封闭在徒有四壁的空间,不四处环顾。我们发现,这类视野狭窄的地方,容易使人思维混乱。关键在于我们注意到了机能心理学教科书和其他学科教科书之间所强调的重点差异显著:一本物理学教科书讨论不同类型的发动机和机器,但它是把它们作为物理规律的例证来加以讨论的。生理学教科书可能讨论不同类型的病理现象,但它是把它们与生理学的方法和原理联系起来进行讨论的。另一方面,机能心理学教科书趋于——确实在不同程度上——把心理学看成哲学的入门,或个体和社会幸福的助手。就这些趋势所显示的优势来看,机能心理学以其对心理自身的说明,寻求解决哲学问题或我们习惯了的人类生活的问题。就此而言,真正的危险在于,心理学作为科学而产生的痛苦和危险从心理学中撤回,而在其他一些领域扩展。

这样,似乎机能体系存在四个主要特征:重复心理学的题材,尽管更强调的是机能而不是内容;意识是用来解决问题的;心灵生活的整个过程是有目的的;把心理学写成哲学的绪论或某些实践学科的绪论。我们已经指出这些特征在逻辑上并不协调,然而逻辑的顺序安排会对情况作出过早的判断,而我们的论题介绍要求讨论每一种特征的优点。无论如何我们应该明白机能心理学植根于亚里士多德的经验主义(Aristotelian empiricism),当它从周围的科学中获得现代性的色彩时,它尚未接受科学本身的现代概念。由于这个原因,赖德为维持心理学作为科学的连续性而进行的审慎持续的努力注定要失败。他对过去的忠实无法与他对未来的开放性相匹配。他坦率地承认科学问题是逐渐出现的,即使有些着急,他仍然不能抛弃前科学思维的解释,即使这些解释是在他定义为科学的内容中。他因此误入不合逻辑的歧途,在任何其他背景中,他首先就要识别这种不合逻辑的东西。

§9. 布伦塔诺

我们现在必须建立一个新的景观。因为,如我们已表明的那样,当机能心理学家在生物学的氛围中工作时,我们接下去要介绍的意动心理学家则生活和活动在逻辑学或认识论的氛围中。机能心理学——所以我们可以说,曲解费希纳（Fecher）的著名短语——是一种来自下面的心理学,是我们从更为基础的科学向上起作用的心理学;意动心理学是来自上面的心理学,是我们从高级的逻辑学原则向下起作用的心理学。

赖德评论道,"机能",是"一个含糊而又非常不确定的术语"。① 遗憾的是,这种说法既关系到心理学,又涉及生物学。另一方面,它却是一个可以进行严格定义的术语。不论"意动"处于逻辑的背景中还是处于心理学的背景中,如果我们不能在开头时就提出一个定义,这个错误就不是由任何"意动"本身的模棱两可所决定,而是由专业术语所处的上下文关系的复杂性所决定。我们将尽力按照年代顺序获得一些材料,以此作一个回顾性的概观。

在近代心理学中,"意动"因为布伦塔诺的工作而受到重视。

---

① 《心灵的哲学》,1895年,300页。

我们可以引用布伦塔诺的一段话来开始我们的探讨,布伦塔诺在这段话中把心理现象和物理现象区分开来。

每一种心理现象都是以中世纪的学者称之为客体有意的(有时称为心理的)内部存在(inexistence)为特征的,以我们(虽然这种表达方式并没有完全摆脱模棱两可)认为的应该涉及客体的内容、方向("客体"在此并不意味着一种"真实"(reality),或者内在客观性(immanent objectivety)为特征的。所有相似的事物都包含客体的某些东西,尽管它们并不都以同样的方式来包含这个客体。在观念中形成某些事物的概念,在判断中接受或拒绝某些事物,在爱中爱,在恨中恨,在欲望中期望,等等。

这种有意的内部存在是心理现象的独特的性质,没有哪种物理现象显示出任何像它一样的东西。进而我们可以相应地把心理现象定义为有意地包含一个客体的现象。①

物理和心理现象,物理题材(在广义上)和心理题材因而都是通过有意的内部存在的特性来加以区分的。但是,在布伦塔诺的术语中,"有意地包含一个客体"的现象是"意动";②心理现

---

① 我已经注意到布伦塔诺有关现实存在的心理客体的观点发生了变化。《心理现象的分类》(Von der Klassifikation der Psychischen Phänomene)(1911年,Ⅳ页)的前言宣称:"一种最重要的变化在于,我不再认为心理关系可以在任何时候超越绝对客体的真正认识",参看149页。

② Akt 这个术语是由学究气的 actus 翻译过来的,后来又是由亚里士多德的 ενρχεα 翻译过来的。有"自主的意动"(voluntery acts)、"好心的意动"(acts of kindness)等含义中可能兼有的活动的意思。因此读者要严格按照作者的定义小心谨慎地使用这些概念。胡塞尔写道:"确认的思想必须绝对被排除"(der gedanke der bethäeigung muss schlechterdings ausgeschlossen bleiben),《逻辑研究》,1901年,第2卷,358页)——可几页以后,他又匆匆采用了"心理确认"(psychische bethätigung)这个短语(427页)。奇怪的是艾斯勒(R. Eisler)的《哲学词典》(Wörterbuch der Philos. Begriffe,S.V. Akt)1910年版没有谈及意动心理学。

象必然全都是"心理意动"(psychical acts)。① 它们的"内容"首先是物理的(对布伦塔诺来说,感觉和想象的内容都是物理的客体),其次才是心理的,那就是,其他的意动或其他意动的混合体。这些意动可分成基本的三类:观念的意动,判断的意动,爱恶的意动,它们代表着我们最终的"意识方式"。② 不过它们按一定的顺序出现,通过简单性、独立性和普遍性的检验,把观念排在判断之前,判断排在爱恶之前。

据我们所知,除了上述的心理学观点之外,布伦塔诺没有阐释过其他心理学观点。③

§10. 意动和内容

布伦塔诺为了支持自己有关心理现象的观点,列举了从亚里士多德到培因(Bain)④这些心理学家的一系列证据。但是,他关于心理意动的定义实际上在同样领域受到麦农(Meinong)(1899)和胡塞尔(Husserl)(1901)的挑战。这些批评意见指出,意动的"内容"和"客体"(布伦塔诺的)事实上必须分开。比如,当我知觉一座房子时,大多数情况下,我并不一定对我的感觉内

---

① 对于《心理意动》(*Psychischer Act*)见 PES,132 页、162 页、188 页、202 页等;《意识的意动》(*Act des Bewusstseins*),296 页;《观念的意动》(*Vorstellurgsact*),231 页、347 页;《想象的意动》,103 页、230 页;《情感的意动》(*Gefühlsact*),189 页;《需要的意动》(*Act des Interesses*),263 页;《喜爱的意动》(*Act der Liebe*),322 页、330 页。我还没注意到判断的意动:如果没有出现,那仅仅是因为判断本身显然是一个意动名称。

② 《意识的方式》(*Weise des Bewusstseins*),266 页、295 页、345 页。

③ 参看我们关于导言的讨论,1 页以下。《分类》中这些新的内容显然表明布伦塔诺在 1874 年尚未考虑到他规划中的第二卷的内容,甚至概要性的内容也还没考虑。

④ PES,233 页以下,260 页。

容(布伦塔诺的物理客体)形成概念。更确切地说,我借助并通过这些感觉内容正在对一个主观变化的客体,即谈论中的房子形成概念。布伦塔诺的"内在客观性"概念因此并不适合于一门描述性的心理学。①

这种批评的影响现在出现在麦农学派的心理学论著中。霍夫勒(Hofler)(1897)评价道,当认识论必须区分内容和客体时,其客体总是内在的,心理学可能免除了这种区别。②但威塔塞克(Witasek)(1908)描绘了一幅比较复杂的图景。每一种基本的心理现象现在都被看做双重或两方面的,即意动和内容两方面。没有内容就不会有意动,没有意动就没有内容。这种区分并不比表面的颜色和伸展范围的区分,或运动的速度和方向的区分更分明。但是,逻辑上可以进行这种区分,尽管意动和内容同属"心理的"。在心理学领域,不同的处理方式,在一定范围内是可取的。③

心理现象的"内容"是把一个确定的客体带入意识领域的这

---

① 麦农(A. Meinong),"论较高的等级与其对于内知觉的关系",载《感官心理学和生理学杂志》(*Zeits. f. Psychol. u. Physiol d. Sinnesorg*),1899年,第21卷,185页以下;胡塞尔,《逻辑研究》,1901年,第2卷,344页以下(特别是353页),396页以下,694页以下。接着是立普斯(T. Lipps),《心理学引论》(*Leitfaden der Psychologie*),1903年,53页以下,139页(1906年,5页以下;1909年,8页以下)。参看"意识和题材"(Bewusstein und Gegenstände),《心理学研究》(*Psychol. Untersuchungen*),1905年,1页以下,和"内容与题材:心理学与逻辑学"(Inhalt und Gegenstand:Psychologie und Logik),《巴伐利亚科学院会刊》(*Situngsber. d. kgl. bayer. Akad. d. Wiss*)(1905年,511页以下)。这篇文章阐述的一般观点更适用于胡塞尔,对麦农的适用性差些,麦农仍谈及内在的客体。胡塞尔当然认识到客体和内容在有限的情况下是一致的(333页、337页、352页、363页、376页等)。但对这一点进行详细论述并非我的目的,我认为不值得对内容和客体作更进一步区分。根据霍夫勒在《逻辑学》(*Logik*)(1890年,7页)和《心理学》(*Psychologie*)(1897年,3页)中的观点,他的主张是站不住脚的。参看胡塞尔,470页。

② 霍夫勒,《心理学》,在上述引文中。

③ 威塔塞克(S. Witasek),《心理学大纲》(*Grundlinien der Psychologie*),1908年,73页以下、318页。

"部分";"意动"是使这个客体成为知觉、想象或判断的对象的这"部分"。把心理和物理划分开来的心理的这一基本特征,相应地牵涉到一个主观变化的客体(trans subjective object),是超越某些事物本身的。威塔塞克的原话如下:

> 我的观念,我的思考,我的情感和我的意愿总是以自己特定的方式指向某些事物。我对某些事物形成观念,某些事物并不是这个观念,或许是一本书;我的思想控制了思想本身,而不是思想的事物。的确,这种事物根本不属于心灵。思想控制它们,却并不以任何方式让它们加入心灵之中。所以,没有也不会有空间关系的建议,然而我的思考"抓住"那些事物。同样的事物也吸引着情感和意愿。如果我们不是根据自己的内部经验去熟悉它,那么这样一种关系确实是神秘的,甚至是不可思议的!但它完全局限于心理的范围。尽可能仔细地检查物理领域,探索物质世界,你会发现没法追寻它。你将发现空间的关系(内部、外部、边缘),发现来来回回的运动,发现各种联系方式,但是指向其他事物的这种内在关系在它们中间没有地位……因此,我们可能相信,这是两个领域之间最本质、最具特点的区别。①

心理现象仍然自成一类,与物理现象区分开来。但对布伦塔诺来说,心理现象是一个意动,有意地包含一个内容或客体(主要是物理的)。对于威塔塞克来说,心理现象具有意动和内容的双重性,其本质是指向超出其范围之外的某些客体(通常是

---

① 威塔塞克,《心理学大纲》,1908年,3页、74页。

一个物理客体）。①

就心灵的"智力"方面来说，威塔塞克的基本现象是观念和思想；就心灵的"感情"方面来说，基本现象是情感和意愿。② 因此，布伦塔诺的爱恶已经进行了细分。

§11. 闵斯特伯格的批评

在麦农和胡塞尔批评布伦塔诺的意动定义的同时，闵斯特伯格（1900）也提出了反对意见。他认为这些特定的意动在逻辑上并不是协调的。如我们所看到的，布伦塔诺把观念的意动放在优先的地位："[所有心理现象]或者是观念或者是把观念作为它们依靠的基础。"③闵斯特伯格评论道，这种观念根本不是意动，意动是主体的态度，是我们对呈现的客体或内容说"是"或"不"的一种态度。④ 比如，判断包括接受和拒绝，赞成和反对这一对立面，兴趣包括爱和恨这一对立面。但在观念的判断中说"是"或"不"的活动在哪儿呢？布伦塔诺宣称："事物无论何时出现在我们面前，就会涉及一个观念。"⑤这个意思是说我们不带感情、不加任何评价地进入观念状态，在那种情况下，不存在"意

---

① 我不相信这种解释。威塔塞克似乎明确说过(75页)，与心理现象有关的是意动，不是内容，刚才的引文中用到的所有术语，照我的翻译所表示的那样，都是意动的名称，不是全部心理现象的名称。然而内容是心理的(5页、74页)。对于物理的客体，参看出处同上，6页、12页、73页。

② 出处同上，81页。威塔塞克关于过程和意向的学说在此并不影响我们。

③ 参看霍夫勒，作品引用，3页；威塔塞克，作品引用，97页。以后，胡塞尔的讨论（作品引用，399～463页）将引起我们的注意。

④ 闵斯特伯格，《心理学纲要》(Grundzüge der Psychologie)，1900年，第1卷，19页。

⑤ 参看106页。

动"的问题。

无疑,闵斯特伯格对威塔塞克的体系也提出了同样的反对意见。因此,我们也对除观念以外的所有基本现象的"是—否"态度有所认识:在思想中(赞成和反对),在情感中(喜爱和不喜爱)以及在欲望中(需要和唾弃)。① 威塔塞克倾向于给观念一个正式定义,用各种例子来满足自己。但他在评论中总结了自己的探讨,认为观念,全部的意动—内容,"如此说来都是充塞于我们意识中的客体的心理摹本(bilder)"②。我们不需要坚持这种说法,但我们再次得到与这部分主题毫不相关的建议。此外,威塔塞克明确宣称:"是和否的对立完全不能与观念相比较。"③这么说,闵斯特伯格究竟在什么意义上提出,观念是一个"意动"呢?

这个批评很有效,当然它又是随意动的定义而定的。这是我们现在要回过头来讨论的问题。同时,值得注意的是,这个反对意见已被不承认其有效性的作者改变了。斯顿夫以他的"心理机能"(psychical functions)说改变了这种反对意见。

§12. 斯顿夫的心理学

斯顿夫发现"直接经验"(immediately given)包含三种基本

---

① 作品引用,8C 页、280 页、353 页。
② 出处同上,97 页。
③ 出处同上,3C8 页。威塔塞克的这一声明阻止我们用任何类似选择性注意的东西去理解这些词组,借此他描绘了观念的特征:"自身呈现出一种内容"([das] sich Präsentieren eines neuen Inhalts)(78 页),"想象一种物体"([das] Vengegenwärtigung eines Gegenstands)(98 页),等等。实际上,霍夫鞶(作品引用,263 页以下)和威塔塞克(297 页以下)在有关判断这一部分都论述了注意。斯顿夫最初追随布伦塔诺所选择但尚未走过的道路,把注意看做一种感情[《音乐心理学》(Tonpsychol.),1883 年,第 1 卷,68 页;1890 年,第 2 卷,279 页]。布伦塔诺自己显然选择了类似的一条道路。

的类型：现象，意味着感觉和意象的内容；心理机能，包括知觉活动、组合活动、领会活动、欲望活动、意志活动；以及机能和现象之间，机能和现象之中的各种内在关系。① 而且所有的机能（原始的知觉机能除外）都有特定的关联物或内容——形式、概念、目标、价值观——斯顿夫把它们统称为结构(formation)。② 现象、关系和结构，作为思想的客体，产生了现象学(phenomenology)、关系学(logology)和结构学(eidology)这三门中性的科学。如果我们关心并应用这个术语，那么这些前科学(vorwissenschaften)放在一起可被命名为认识论(theory of knowledge)。③

我们已经忽略了这些以另一种方式获得权力的心理机能。因为关系对于机能和现象是共同的，"直接经验"显示出一种内在的双重性。④ 我们将它用于对心理学和自然科学的区分，尽管这种区分不是直接的。现象构成了这两者的出发点——即对于自然科学来说，是逻辑上必须的出发点；对于心理学，是经验上必须的出发点。⑤ 然而心理学适当的题材要在心理机能中寻找。⑥ 纵观我们的实际经验，这些机能不断地与现象发生密切的联系。⑦ 不过斯顿夫坚持认为这种联系不是逻辑上必须的。尽

---

① 斯顿夫(C. Stumpf)，《现象与心理机能》(*Erscheinungen und Psychische Funktionen*)，1907年，6页；《论科学分类》(*Zur Einteilung der Wissenschaften*)，1907年，5页。

② 《心理机能产物》(*Gebilde Psychischer Funktionen*)：参看《现象》，28页以下；《论科学分类》，6页以下，32页以下。

③ 《论科学分类》，26页、40页等。

④ 出处同上，6页、10页。

⑤ 参看，自然科学的定义，出处同上，16页，以及必要性，出处同上，6页。

⑥ 出处同上，20页；《现象》，6页、39页。

⑦ 《现象》，7页、27页、38页。

管每一种机能都必须有一个内容,这个内容却不必是现象的。此外,即使机能和现象从经验上看是结合在一起的,实际上仍然是独立变量。它们分属于不同的科学,这一点由于它们的显著差异而得到进一步的证实。它们除了在时间上有共同点之外,在其他方面没有共同的特征。①

　　心理的机能也被称为意动、状态、经验。② 斯顿夫以及麦农和胡塞尔都对意动的内容和客体之间的差异进行了分辨,但他的区分与他们不同。客体是概念的结构,因此处在概念水平之下的意动不可能有客体。举个例子来说,在赤裸裸的知觉(bare perceiving)中,我们有现象或有关的内容,却没有客体。相反,当我们的思想指向这个世界本身,指向概念或规律时,内容和客体恰好重合。内容就其本质而言就是客体。所有的情况都处在这些局限之间,在这些情况下,我们以特定的或变化的(内容)为基础,来对付普遍的或不变的(客体)。③

　　那么,心理的机能究竟是什么?斯顿夫并没有表示要列出一个完整的表格,而是区分了两类活动,即智力和情感的活动,声称一定的机能处在这两个标题之下。④ 在智力方面,最原始的机能是知觉或注意的机能,它包括感觉和形成概念两种方式。⑤ 智力活动的另一个基本机能是领会或组合(Zusammen fassen),借此"许多不同的内容,触摸的感受,线条的描绘,音响效果等都

---

① 《现象》,11页、15页。
② 出处同上,4页。
③ 《论科学分类》,6页以下。我希望我在这里正确表达了概念形成与其偶然附属物的主要关系,不变的关系。也参看《现象》,16页以下。
④ 《现象》,5页、7页。
⑤ 出处同上,16页。

可以结合成一个整体,一幅画像,一段节奏,一曲旋律"。① 接下去是概念,最后是判断。② 在情感这一方面,我们有诸如喜悦和悲伤,探究和逃避,欲望和拒绝。③

因此,当我们注意到闵斯特伯格的反对意见时,我们特别感兴趣的是原始的智力的知觉机能,其取代了布伦塔诺体系中的"简单观念"。知觉或注意本质上是一种分析的机能,正如领会本质上是一种综合的机能。④ 从这种分类观点出发,把这两种机能放在一起,允许用分析和综合这一对立面取代观念领域内其他机能的是和否。斯顿夫本人似乎在概念的实例中认识到这样一个对立面。⑤ 而我们却被告知知觉是"最原始的",这样它就可以放在领会之前。此外,很显然其本质是分析的,这种机能不仅有它积极的含义,也有消极的含义。当我们正在注意一个部分或一种属性时,当存在与这个部分或属性"相对的意识的累积"⑥时,我们必然无法注意到呈现在我们面前的这一整体的其余部分,意识达到同等程度的消减或消失。闵斯特伯格说:"注意的这种最直率的意动,本身是一种主观评价的意动,接近于情绪,基本上不同于单一的观念。"⑦

那么,我们就可以通过偏爱和忽视这一原始的对立面,或者通过组合和分离这一预先判断的对立面,来理解斯顿夫的智力

---

① 《现象》,23 页。
② 出处同上,24 页。
③ 出处同上,26 页。
④ 出处同上,16 页以下,23 页。
⑤ 出处同上,25 页。然而值得注意的是,这一栏表上(7 页)写着:"分析,概括,肯定与否定,欲望与拒绝",头两个术语之间没有用"与"联系起来。
⑥ 出处同上,17 页。
⑦ 作品引用,20 页。

机能。这些机能和其他的意动之间仍存在着差异。因为，一方面蕴含在知觉活动中的忽略，准确说来是含而不露的；另一方面，组合和分离两者可以说都是积极的活动。然而，当"观念"已经不再以纯中立的态度接受内容和客体时，就此范围而言，闵斯特伯格的反对意见已经改变了。令人难以置信的是，转变仅仅是机遇的问题。

然而，我们必须坚持认为斯顿夫不承认闵斯特伯格的批评是有效的。因为，他把二元论首先归结为情感感觉和温度感觉，就像闵斯特伯格把意动留给某些现象。他谈到这些感觉的"两个方面"——喜悦和痛苦，温暖和寒冷。① 但如果这里的"两个方面"是生物组织所无法意料的，那么它也可能意外地出现在机能之中。然而第二种考虑更为重要，我们记得斯顿夫在"直接经验"中发现心理的机能。他并没有发现伴随机能的"主体"，形式上倾向于把他的心理学建立在自我意识的基础上。② 但是如果意动具有逻辑上必要的两面性，那么这种必要性来自成为意动的主体。

§13. 立普斯的心理学

那么，让我们来看一看证实这一主体的存在[即意识经验中存在'意识的我'（I of consciousness）]的体系是否满足了闵斯特

---

① 斯顿夫，"论感情"，载《心理学杂志》，1907年，第44卷，22页；"感情的辩解"，出处同上，1916年，第75卷，3页、32页。

② 《现象》，8页。

伯格的需要。这样一种体系是立普斯提出的,①下面我们进行简单扼要②的分析。

立普斯告诉我们,心理学是意识和意识经验(Bewusstseinserlebnisse)的科学。③ 意识的特殊功能在于超出它自身的范围,进入一个超自然的世界。这种立普斯提出的"跳出它自己的阴影"的经验是意识的基本属性。④ 这种经验有不同的种类。

立普斯把"客观的"感觉和所有其他"主观的"意识经验或"我的"经验区分开来,以此开始他的论述。感觉是感觉"内容"的唯一"存在"(having),这种"存在"是"偶然碰见"或"碰巧发生的"(Widerfahrnis)。这种感觉是一种"感官的经验";感觉的内容仅仅赋予"感觉之眼"(eye of sense)。⑤

现在,我把我的"心灵之眼"(mind's eye)转向内容,从感官

---

① 立普斯的《引论》(Leitfaden)有三个版本(1909,1906,1909),第二版是三个版本中最系统化的,与第一版大不相同;第三版在某些重要方面不同于第二版。就这些同时存在的版本,立普斯发表了专题报告和文章——评注性的、建议性的、争论性的——在这些文章中,他对其体系的各个方面作了更加详细的论述[参看安舒兹(G. Anschütz)选择的参考文献,《心理学文献》(Arch. f. d. ges. Psych.),1915年,第34卷,13页]。实际上他在继续修订、发展,后来的著作不仅是对前面著作的改进,而且本身也是新的洞察和论辩的出发点。由于这个原因,我们将看到他的心理学从来就没有达到系统完整的时候。
② 特别是,我们在此不涉及立普斯有关解说性心理学的观点。
③ 立普斯,《心理学引论》,1909年,1页。Bewusstseinerlebnis 这个术语还没有得到最终的定义。(a)内容(Inhalt)不是经验(Erlebnis),而是被体验的事物(Erlebtes)(3页)。但在1906年(3页,355页)内容成了经验。所以在1909年(391页)的索引中,他们仍然描绘出一种特殊的意识经验。(b)1906年(8页,27页),意动是经验(Erlebnisse)。1909年(21页,23页),思想的意动只有在想象的内容适合思想的对象时才是经验(Erlebnisse),意向的意动决不是经验(Erlebnisse),因为我们没有体验到它们对之产生影响的客体。然而老的用语有时仍保留着(比如,40页)。人们不明白意动(与包含其中的我—经验相去甚远)为什么不应该是行为经验(Tunerlebnisse)[参看"我与感觉"(Das Ich und die Gefüble),《心理学研究》(Psychol. Untersuchungen),1907年,第1卷,693页],但是立普斯显然尚未制定出一种新的区别。我们必须把内容、意动和经验看做是非常基本的。
④ 出处同上,12页。
⑤ 出处同上,7页、16页、20页、23页、27页。

经验转到"活动"(activity)经验。① 这个术语是专业的：活动的经验是意识的一条路线或一段路程，它以点状特征的"意动"开始，并以此特征结束。② 当我的心灵之眼转向内容时，我可以说获得了一种"惊奇"的意动，这种意动引发了注意或理解(Auffassung)的活动，这个活动以一种立普斯所称的"简单的思想意动"(simple act of thought)结束。借此我使"为我"(for me)或"与我相对"(over against me)的客体脱离了"我之中"(in me)的原始内容。③

随着客体的出现，意识变得更为复杂。既不是"感觉之眼"，也不是"心灵之眼"，而是"智能之眼"(eye of intellect)从此发挥作用。④ 我以简单的思想意动开始，把这种意动纳入"统觉"(apperception)的活动。⑤ 但统觉有两种：归类和询问(classifying and questioning)。如果属归类，我就可以通过智能眼"注视"(fixation)的简单意动，或者用构成我的客体——单一的、确定的、特别的客体的意动来结束它。否则，我就超越这些注视的意动，以一些理解(comprehension)、关系(relation)、抽象(abstraction)的意动来结束。⑥ 如果统觉是询问这一类，就会产生更为复杂的问题。我询问的客体对我作出答复，它们有它们自己的状态和规律，借助这些东西，它们把自己的要求或主张摆在我们面前。我恰好能"听到"或体验到这些主张，或许承认它们。如

---

① 立普斯，《心理学引论》，26页。
② 出处同上，22页。
③ 出处同上，23页、9页、13页、25页等。
④ 出处同上，8页、13页、25页。
⑤ 出处同上，22页、25页、144页以下。
⑥ 出处同上，26页、149页以下。

果我承认它们,这个活动就终止于判断的意动。在这种情况下,以思想为最终意动的统觉和以承认为最终意动的统觉之间,存在一种直接的平行。① 另一方面,如果我仅仅听到它们,我就有立普斯所称的"要求的经验"(experience of claim)。这是一种感官的经验,因此类似于感觉内容的"存在"(having)。这是一种支配倾向的情感,一种强迫或压抑的情感。②

要求的经验在立普斯的体系中发挥很大的作用。然而我们要暂时把它放在一边,为的是描绘"意动"的特征:它们是意识的我的点状"行为"(doing),既可能独立地作为"空泛或赤裸"(empty or naked)的意动而发生,又可能相互联系,作为一个活动的开始和结尾而发生。立普斯对不同类型的意动作了区别,有观念的意动(那就是,创造想象的意动),思想的意动,意向的意动,判断的意动。但是由于意向从意动扩展到活动,每当环境允许,我们就有了建立和开创这种活动的意动,如冲动的意动,激励的意动,推动的意动,以及完成这一活动的意动,例如到达的意动,完成的意动,成功的意动。③

提到意向(conation),又把我们带回到"需要"这一经验领域。意识或意识的我(the conscious I)也被立普斯归属于活动。我们已看到其基本属性在自我超越(self-transcendence)中是一致的,④活动总是一种向意识扩展的意向的意动。⑤ 但意向本身是"要求的主观经验":它可以说是两类倾向的结果,利用客体

---

① 立普斯,《心理学引论》,26 页、31 页、32 页等。
② 出处同上,31 页、33 页、34 页。
③ 出处同上,21 页、22 页、42 页、296 页等。
④ 出处同上,6 页、39 页。
⑤ 出处同上,23 页。

对"我"施加影响的倾向,以及在这个时候指向"我",压迫"我",需要"我",归属"我"的倾向,或者说这是一种需要在我内心引起的"有效共鸣"(effective resonance)。如果这种倾向是协调的,这种经验便是主动的意向;如果所施加影响的倾向与归属者相反,那么就是被动的意向。在任何情况下,意向和活动可以定义为客体与其需求以及个体意识的相互关联或协同作用。①

然而,如果意识是活动,那么什么变成了"感官的"经验,特别是,什么变成了一种感觉内容的"存在"?立普斯通过他的"潜在"(potential)活动说来对付这个难题。"存在"一种感觉内容就是"在我的力量中"(in my power)拥有它。我感觉如果我这么期望,我就"能"转向它,使它指向我的理解活动。更确切地说,因为活动以客体为先决条件,我就能理解蕴含其中的客体。实际的活动和潜在的活动的区别虽然在心理学上是基本的区别,却仍然是活动的一般经验内的区别,从而保证了感官经验和活动经验的基本相似。②

为了完成这个小结,我们必须就两种意识经验的分类说上几句,其中一种是由情感组成,感情的情感是"我"的"状态",给意识活动染上"色彩"。③ 另一种包括经验的关系,意识转变为一系列的意动和活动,这种转变并不破坏它的整体性和连续性。因为这些意动和活动带来支配和受支配的经验,以及依赖性经验、进行性或发布性经验(procession or issuance);在对它们的

---

① 立普斯,《心理学引论》,34页以下,261页以下。同样,在思想意动中存在"我和客体之间特别的相互联系",这种相互联系使意动既是创造性的,又是感受性的(21页)。
② 出处同上,14页、28页以下、39页。
③ 出处同上,37页以下、40页、314页以下。

体验中,我也同时有了"动机"(motivation)经验,那就是它们与其他意识经验的关系的经验。①

根据这一解释,每一件事都是杂乱无章的,或者如立普斯所说的"吃不准"(not snaps to),这一思想不能还原为表格形式。然而我们为特殊的问题奠定了基础:意动和活动具有肯定和否定的两面性吗?答案似乎是肯定的,虽然没有证据表明为什么立普斯把它作为其学说中的一个疑问。

他说的意动——和我们记得的意动都是基本的——意动是"肯定和否定,努力和抵抗,希望和不希望,意志和非意志,两者之间的关系类似于有效的意识和无效的意识,或肯定的判断与否定的判断之间的关系"。② 这段话谈到活动的双重性(一般的活动或意动以及特殊意志活动)、③意动的双重性(愿望和承认)④和潜在活动的双重性。因为有效和无效的意识属于需要的经验,这种经验是一种感官经验,类似感觉内容的存在,⑤这种存在本身是一种"我的力量中的存在"(having in my power),它可以转向或背离。⑥ 我们还可补充道,为我们的活动"染上色彩"的情感显示出同样的双重性,我们发现了愉快和不愉快,大和小,

---

① 立普斯,《心理学引论》,40页以下。1906年立普斯断言"正如意向和活动是个体意识中要求(客体)的反映,意向和活动通过动机联系在一起,是对要求的相互联系的反映"(29页)。这一学说出现在1909年,可参考索引中的《要求的联系》(*Zusammenhang der Forderungen*)。但在1909年300页的内容重复了1906年266页的内容。

② 出处同上,260页(1906年,230页;1903年,203页)。立普斯可能已经补充了否定的判断、否定的知觉以及否定的回忆(201页以下,212页以下)。

③ 出处同上,301页以下。

④ 出处同上,36页;立普斯谈到一种"赞成或拒绝,真实或错误的态度"(des Anerkennens oder Abweisens, des Fürwahr— oder Fürfalschhaltens)。

⑤ 出处同上,31页。

⑥ 出处同上,13页。

熟悉和陌生等等对立面。①

因此除了内容②和动机经验,每一件事都有闵斯特伯格要求的是一否特点。

§14. 胡塞尔的现象学

我们以布伦塔诺的开拓性工作作为这个讨论的开始,用麦农和胡塞尔的评论以及闵斯特伯格的评论作为解释意动体系的支柱。因此,就将来评论和比较的必要性而言,我们必须阐明威塔塞克的体系(作为麦农学派的代表)、斯顿夫的体系和立普斯的体系。这些心理学家一致认为,意识本质上是有意的,它能反省自己,并且涉及自身以外的客体。③ 然而"有意的"这个词提醒我们,以上的评估还不完善,我们还必须在麦农、斯顿夫和立普斯这一方加入第四位作者——他不是心理学家,他认为自己的

---

① 立普斯,《心理学引论》,37 页、329 页、332 页等。
② 立普斯并没想到写闵斯特伯格。因为他把愉快—不愉快这一对立面与颜色—内容领域的光明—黑暗这一对立面进行了比较(出处同上,37 页、314 页)。这种比较只是偶尔得到的,但立普斯发现它很有道理。当然在对感觉内容的说明中(69 页以下)没有任何对立面的暗示。
③ 这句话必须根据它的上下文关系来进行判断;假如现在这本书是当代心理学的历史,那就有更多话要说了。比如,某种意义上,立普斯是布伦塔诺直接的对立面。首先,在休谟(Hume)和赫尔巴特(Herbart)的影响下,立普斯代表了胡塞尔在他的《逻辑研究》(*Logische Untersuchungen*)第一部分中抨击的"唯心理论"(Psychologism)。后来他成为一个"逻辑论者"(logicist),一个雄辩类型的逻辑论者,通过赫尔巴特和费希特(Fichte)与柏拉图(Plato)联系在一起。布伦塔诺不过是亚里士多德学派的人——麦农、斯顿夫和胡塞尔都与布伦塔诺直接相关。但他们也都有所变化。从《算术哲学》(*Philosophie der Aruthmenik*)的胡塞尔到《纯粹逻辑》(*Reine Logik*)的胡塞尔有一段遥远的距离。

学科和心理学之间存在一条巨大的鸿沟，①然而他对现代心理学产生了深远的影响。

斯顿夫把处理感觉内容及相应的表象的这个术语——"现象学"留给了科学。胡塞尔的现象学既不是斯顿夫的现象学，也不同于所谓的"纯科学"。它比这两者更广泛更深刻。② 根据胡塞尔的观点，所有的心理学——以及对他来说包括斯顿夫现象学的心理学——是以自然科学的态度为先决条件的。这是一种事实科学，一种心理物理学。③ 另一方面，在摆脱了干扰，摆脱了自然主义先决条件的意识意义上，存在一种"纯"意识的科学，④这种科学要处理的不是事实，而是本质(wesen)。⑤ 这种以"内在的审查"(immanent inspection)或"本质的冥想"(contemplation of essence)作为方法的科学即现象学。⑥ 为了研究现象学，我们把日常生活和自然科学的天真的教条主义态度换成"哲学

---

① 胡塞尔，"一种纯粹现象学和现象哲学的观念"(Ideen zu einer reinen Phänomenologie und phänomenologischen Philosophie)，《哲学和现象学研究年鉴》(*Jahrbuch f. Philos. und Phänomen. Forschung*)(1913年，第1卷，184页)：现象学是"处于极度分离状态的心理学"(Von aller Psychologie durch Abgründe getrennt)。十年前，"思想经验的纯粹描述性的分析"在心理学中应该先于解释性或发生的分析，这种分析与现象学的分析是一致的；甚至在观念中(143, 159)架设起一座跨越遗觉(eidetische)心理学的桥梁。梅塞尔(Messer)"处于心理学状态下的胡塞尔的现象学"(Husserl's phänomenologie in ihrem Verhältnis zur Psychologie)[《心理学文献》, 1912年，第22卷，117页以下；1914年，第32卷，52页以下]已经尽力平息了这种不满。

② 胡塞尔，"作为严肃科学的哲学"(Philosophie als Strenge Wissenschaft)，《理念》(*Logos*), 1910年，第1卷，315页；《观念》(*Idean*)，5页、121页、290页。

③ 《报告》(*Bericht*)，398页、400页、524页；《哲学》(*Philosophie*)，298页、302页、315页；《观念》(*Idean*)，3页、8页、69页。参看屈尔佩(O. Külpe)《心理学讲义》(*Vorlesungen üder Psychologie*)(1920年，22页)。

④ 《哲学》，302页、315页；《观念》，57页以下、94页、121页。

⑤ 《逻辑研究》，第2卷，18页；《哲学》，314页以下；《观念》，4页、7页以下、114页。

⑥ "内在的角度"(Immanentes Schauen)，《哲学》，303页、313页；"本质现象"(Wesenserschauung)，《观念》，11页、43页；"本质经验"(Wesensschauung)，《哲学》，315页，参看《观念》，113页。

的"态度,其"绝对的本质"(absolute intrinsicality)中只剩下"纯粹的"意识。① 如果我们冒险转移到描述心理学领域,对本质进行现象学的审查,那么我们得独自承担责任。胡塞尔希望他能控制我们。②

因此心理学是心灵事实的经验科学,物理学则是物质事实的经验科学。③ 心理与"经验"有关,物理与经验涉及的"非经验"(non-experiences),与意动的"有意的客体"有关。④ 由于自然科学认识到有机体生命的个体性,因而这些经验是一个"我"的经验。⑤ 从广义上说,意识包含了心理"我"的全部现象学的组成成分,或者说作为心理经验的"包袱"(bundle),意识是现象学的"我"。⑥ 从狭义上说,意识是有意的经验或意动的概括性称呼。⑦

---

① 《哲学》,302 页、315 页;《观念》,3 页、46 页以下、94 页、120 页以下、182 页。

② 人们可以做这件事(《报告》,400 页;《哲学》,315 页;《观念》,143 页),根据胡塞尔的看法,心理学家没有选择的余地,但可以尝试。然而每一位已经冒险尝试的心理学家(甚至具有良好意图的梅塞尔)似乎都失败了。我们感觉快乐,这样的失败就不算什么。我们对胡塞尔感兴趣,并不是对他本人的缘故,而是因为心理学家理解他的方式。

③ 《报告》,398 页。

④ 《逻辑研究》,第 2 卷,338 页。

⑤ 出处同上,336 页;《报告》,399 页、524 页;《哲学》,298 页、312 页;《观念》,104 页。

⑥ 《逻辑研究》,第 2 卷,325 页以下、350 页、354 页;《观念》,65 页、168 页以下(特别是 172 页)。斯顿夫的现象学,我们曾经把它解释为胡塞尔心理学的一部分,这直接转化为心理学术语,变成一章极为逼真的映象心理学(《观念》,178 页)。但斯顿夫是一个相互作用论者,难以排除心理物理学["开幕式上的讲话"(Fröffnungsrede),《第三届国际心理学会议》(*Dritter internat. Congress f. Psychol.*),1897 年,7 页以下]。

胡塞尔对推理的强调(《逻辑研究》,331 页、339 页)导致冯特从"无意识"(unconscious)方面来批评他。这种批评与我们的直接目的没有关系。

⑦ 《逻辑研究》,第 2 卷,342 页、345 页、349 页;《观念》,168 页、174 页。胡塞尔的术语在《观念》中已发生变化,对于"意动",出处同上,170 页。

人们注意到"意动"在此与完整的有意经验一致,①这种经验包括"内容"(客体依赖于此)和"意图"(intention)或"意动特性"(act-character)。② 然而,因为内容(狭义上)本身是无意(nonintentional)的经验,对于意动特性我们只能用"意动"这一术语与内容区分开来。③ 在这种特殊的意义上,意动缺乏强度(intensity),但显示出性质和材料的差异。这些要素虽然不可分离,却都是独立可变的。④ 意动的性质是指可把意动表示为观念的意动,判断的意动,探究的意动,疑惑的意动或愿望的意动。⑤ 意动的材料是指意动作用于客体的特殊方向。因此,我现在可以把一个特定的几何图形理解为等边三角形,也可以理解为等角三角形。在此,客体是相同的,内容也是相同的,但意动材料不同。那就是说,意动的材料不仅决定理解什么样的客体,而且决定把所理解的客体看成什么(物质、形式、关系)。⑥

在这种分析框架内,胡塞尔特别想检验布伦塔诺规律的有效性——我们发现闵斯特伯格曾对此规律提出过正式的异议,

---

① 比如,《逻辑研究》,第 2 卷,323 页、357 页、362 页、388 页;参看梅塞尔,《感觉与思想》(Empfindung und Denken),1908 年,43 页。

② 对"基本的内容",见《逻辑研究》,第 2 卷,652 页(参看 330 页、471 页等);《观念》,172 页。对于客体的"基础"(basing),见《逻辑研究》,第 2 卷,353 页、393 页等。对于"意图",出处同上,323 页、361 页等。

③ 胡塞尔本人谈到意动的有意内容(《逻辑研究》,第 2 卷,375 页、378 页、386 页以下)和有意本质(392 页以下)。但是,在任何展开的讨论中,不可能避免术语使用上的局限:参看梅塞尔,《感觉与思想》,45 页、47 页、74 页。

④ 《逻辑研究》,第 2 卷,374 页、386 页以下、391 页等。

⑤ 出处同上,386 页。

⑥ 出处同上,389 页;对于一个更广泛的定义,参看 462 页。在《观念》中,这个术语再次发生了变化;特别要看 267 页。这里以及《报告》244 页中品质和材料的区别是布伦塔诺提出的,我猜想这个出处是布伦塔诺的判断说中品质(赞成,否定)和感觉(Sinn)的区别。

即所有的心理现象要么是观念,要么是以观念为基础的。① 胡塞尔为了表明布伦塔诺的规律是含糊不清的,暂时把这一规律转化为他自己的语言,即成为:每一种有意的经验或者是一种观念(那就是,一种赤裸裸的或简单的观念),或者有一种观念作为它的基础。这里第一句中的"观念"意味着一种意动—品质(act-quality),第二句中的"观念"意味着一种意动—材料(act-material)。② 胡塞尔开始对"观念"这一术语进行了详尽的分析,他在最广泛的意义上把"观念"等同于"客观化的意动"(act of objectification)。③ 新的种类可根据性质不同分成客观化的规定的(thetical)意动和不合逻辑(athetical)的意动。前者是穆勒意义上的"信念"(belief)意动,或是布伦塔诺意义上的"判断"意动,后者是"简单观念"所对应的意动。实质上,新的种类可分为陈述性的意动和名词性的意动["哥伦布(Colunbus)发现美洲","哥伦布,美洲的发现者"]。④ 布伦塔诺的规律可以重新写成这种形式:每一种有意的经验或者是客观化的一种意动,或者是有这样一种意动作为它的基础。如此表达,这个规律便是有效的。⑤ 对于胡塞尔来说,重要的事情无疑就是他因此对自己有了清楚的认识。对于我们来说,重要的是他在现象学的水平进行

---

① 见 150 页注释③。
② 《逻辑研究》,第 2 卷,428 页。
③ 出处同上,447 页;参看 449 页、458 页以下。
④ 出处同上,449 页。在《观念》中(235 页),"规定的"(thetical)和"不合逻辑的"(athetical)被更广泛使用的术语"位置的"(positional)和"中性的"(neutral)所取代,这些结果不能直接影响我们。
⑤ 《逻辑研究》,第 2 卷,458 页。第 2 句也可以意译成:"作为客观化意动的组成成分,其全部的材料同时也是个体自身的全部材料。"

讨论,避免涉及"我"的态度是经验的还是纯粹的这类问题。① 他已经介绍了"客观化的意动"这一术语,这个术语似乎注定要在经验心理学中发挥重大作用。②

§15. 梅塞尔的心理学

胡塞尔的影响可以追踪到后来的符茨堡(Würzburg)学派更有特色的工作。他对屈尔佩(Külpe)本人的心理学影响有多深,我们无从得知。然而我们有来自这个学派的成员梅塞尔(Messer)的《心理学》,梅塞尔的思想主要受到埃德曼(Erdmann)、胡塞尔和屈尔佩的影响。③ 这本书应该引起我们的注意,尽管它未能兑现对屈尔佩的《概论》(Grundriss)进行改动的诺言。

梅塞尔提出意识或心理的三个特征。他从闵斯特伯格那里接受了这一规律,即物理的经验是可分享的经验,心理的经验是不可分享的经验;他从立普斯那里接受了这个观点,即心理总是在某种"我的"(mine)意义上说的,而物理不是这样;他从胡塞尔

---

① 在《逻辑研究》中(340页),"纯粹的我"(pure I)在现象学上是不可信的。在《观念》中它又回来了,但结果不再影响我们。只是在《逻辑研究》中,对闵斯特伯格的异议不予理睬显得过早了。

② 在迪尔(Dürr)出版的艾滨浩斯的《心理学》中,1911~1913。

③ 梅塞尔在1908年发表了一本名为《感觉与思想》的小书,这本书的每一页几乎都带有胡塞尔的色彩。感觉和思想这两种如此不相容的事情,能在同样的封套内共处,这对读者来说是一种奇迹。1914年的《心理学》有了更多符茨堡学派的经验风味。
屈尔佩去世后发表的著作,《心理学讲义》(Vorlesungen über Psychologie)[彪勒(K. Bühler)编辑,1920年]完全不符合作者的体系。也没能表现出屈尔佩尽力想要表达的内容;大多数文字看起来像是一个精疲力竭、迫不得已的人所写的。不管怎样,屈尔佩可能不如我们猜想的那样准备充分。彪勒的引言以(出乎我的意料)这段话告终:"屈尔佩从来没读过关于意志和思想的东西,很遗憾,也没留下任何记载。"

那里接受了这样的区分,即把心理看做内在的,而把物理看做超越物质世界的(transcendent)。① 我们可能忽略了闵斯特伯格和立普斯,②随即就谈到梅塞尔对胡塞尔的解释。因为刻画物理特征的超验性是意识的超验性,对梅塞尔来说,它必须遵循某些心理必须采纳的"超验意识"形式。实际上,梅塞尔坦率地宣称所有的意识都是物体的意识(Gegenstandsbewusstsein),虽然意识的某些要素是在不规则的情境中获得的,缺乏意向性。③

构成心理学题材的经验可分成知、情、意三类。④ 我们可能

---

① 梅塞尔,《心理学》,1914 年,27 页、32 页等。梅塞尔在此谈到意识的心理(das bewusst Psychische)。是否也存在无意识的心理过程(unbewusst psychische Vorgänge)是一个他留下来暂不讨论的问题,尽管他倾向于作出肯定的回答。35 页以下、251 页以下、365 页。

② 闵斯特伯格的见解,见《纲要》(Grundzüge),1900 年,第 1 卷,72 页。立普斯理论中的"我的"(mine)对梅塞尔来说并不意味着"我的我本身"(my I itself)意识中的内容和明显的存在物;经验的整体和混合体常常是我—特征(I-Character)或"我的"关系的唯一代表。《心理学》,27 页。

③ 出处同上,66 页、53 页。这段话总是很难理解的。比如梅塞尔承认意识的复合体(愉快的情感与性感的混合,不愉快的情感与痛苦感觉的混合)可能不因客体而产生(307 页)。这样的复合体显然与意识要素的状况极不相干。无论如何,痛苦本身势不可挡,赶走了所有有关的竞争对手。

此外,在梅塞尔对情绪的完整论述中存在不少难点。《心理学》52 页中,情感和情绪(显然指所有的情感和情绪)都是有意的。但愉快和不愉快这种简单的情感肯定不是有意的(302 页)。情绪只是强烈的、突然的情感(293 页)。我的确发现这几页都不涉及情感的意向性,它们详细论述了情绪及其分类问题。但是情感有权包含有意向的内容——在这种情况下,它就不再是一种赤裸裸的愉快或不愉快,而是一种价值的感受(wertgefühl)或感情的评估(affective evaluation)(303 页)。因此我们发现在后来的表格中并没提到"情感、情绪",而仅仅提到"评估和意志的经验",本质上是有意的(374 页;参看 52 页)。一般看来,梅塞尔似乎认识到三种水平的情绪过程:(1)情感与感觉混合,完全没有客观的参照物;(2)情感与对客体(狭义)意识的意动的混合,那就是,情感在此混合体中不是有意的,而是具有客观参照物的基本观念;(3)感情评估与观念的混合,在此混合体中两种主要的因素都有参照物(参看 66 页)。但我们很难看出这种分类与他有关意识的定义是如何吻合的。

④ 出处同上,65 页。

也谈到客体的意识(狭义),状态的意识,以及原因的意识。① 按照这些经验是可以观察的,还是难以观察的,必须通过思考才能获得,我们把它们分成易于领会的或不易领会的。② 易于领会的要素中,感觉属于所有这三类意识。③ 认识,或者说客体的意识,作为易领会的要素,包括了与感觉、时间和空间的内容,以及印象("相同"、"类似"、"不同"等等)一致的表象(images),这些表象以一般概念为基础。④ 状态的意识和原因的意识是否包含特定(非感觉的)类型的易于领会的要素还很难说。梅塞尔的论述是矛盾冲突的,简单的情感作为一个类别,似乎是不易领会的,尽管在特殊情况下它们要接受检查。⑤ 意向也一样,它是有意的,因此按理说应该是不易于领会的,但在这种情况下——如果它是无意中被激发起来的,如果它指向感知的客体——就有可

---

① 《心理学》,66页。这种分类取自雷姆克(J. Rehmke)的《普通心理学教科书》(*Lehrbuch der Allgemeinen Psychologie*),1894年,148页。

② 出处同上,48页、74页、202页;《感觉和思想》,78页。我建议把"易领会"(palpable)和"不易领会"(impalpable)作为直观(anschaulich)和非直观(unanschaulich)的英语同义词。参看"麦克佩斯"(Macbeth,Ⅱ,i,40)。

③ 《心理学》,66页、74页。

④ 梅塞尔在初级和二级(联觉)形式中认识到周边兴奋和中心兴奋(或再生)的感觉,《心理学》,127页以下。对于作为内容的空间和时间,出处同上,149页、155页、175页、202页。特别要说的是,空间像性质和强度一样,不是感觉的一种特质(149页);时间可能是任何事物的特质,根据梅塞尔的看法,其本身又被体验为空洞的时间(176页)。然而我们后来得知情感和感觉都具有强度,性质和持续时间的"广义标志",但它们缺乏与所有感觉有关的"空间特征"(280页)!因为易领会的印象构成了概念的基础,出处同上,180页以下。

⑤ 出处同上,48页,与感觉密切相关,又拥有"周边"特征的情感是易领会的。但感觉在不同程度上被定义为易领会的(74页),情感是不易领会的(278页、346页)。胡塞尔《逻辑研究》,第2卷,369页以下和斯顿夫找到一种情感的感觉,因此解决了这个问题。在《感觉和思想》第23页中,梅塞尔采纳了同样的观点,参看《心理学》,276页。

能被观察到。①

梅塞尔是在双重意义上使用"意动"这个术语的：首先，是对有意经验的整体来说，其次是就这样一种经验的意动内容或意动特性而言。② 在第一层意义上，根据它们意指的客体是否通过感觉和意象表示出来，把意动称为易领会的或不易领会的。③ 在第二层意义中，意动是从有意经验的整体中抽象出来的，它们总是（指向周边的意向除外）不易领会的。④ 梅塞尔并未列出客体意识的详尽内容，我们必须自己尽力把它拼凑起来。

在客体意识这个标题下，我们首先有了广义的观念意动：知觉的、记忆的和想象的意动。⑤ 接着就是概念的、思想的或认知的意动。⑥ 在此，我们首先发现了概念或意义的经验。⑦ 梅塞尔进而含蓄地命名了关系的意动、比较的意动、判断的意动和认知的意动。⑧ 判断是关系的一个综合意动，至少包含两个成

---

① 《心理学》，48页。但所有的努力都是不由自主的（312页）。此外，后来的区别似乎不是指向周边和指向中心的意向之区别，而是指向意向比较含糊，欲望比较明确的区别（312页）。所有的意向"目标在于"某些事物（311页、314页）。胡塞尔准备把欲望的感觉或冲动的感觉看做并非有意的意志要素《逻辑研究》，第2卷，373页；《观念》，172页）。

② 出处同上，53页、202页。

③ 出处同上，139页、191页、296页、346页。

④ 出处同上，202页。在《感觉和思想》中由胡塞尔和梅塞尔本人提到的这些意动是无法归纳出它们的特征的（50页以下）。但在《心理学》138页、204页、208页的段落中我们了解了有关的材料和性质。

⑤ 出处同上，139页、191页。梅塞尔似乎不如胡塞尔（《逻辑研究》，第2卷，364页；《观念》，224页以下）那么明确特定的想象、意动特征。的确，他说——尽管在解释心理学的背景中——对记忆和想象的区分不是出于心理学的需要，而是出于实践和认识论的需要（《心理学》，346页）——记忆和想象的全部意动（有意的经验）可能既是易领会的又是不易领会的，这一点值得注意，见221页、346页。是否《心理学的印象意识》（*Bildbewusstsein of Psychol*）（138页）是基本的，我们无从得知。根据《感觉和思想》（60页），并非如此。

⑥ 出处同上，139页、202页。

⑦ 出处同上，207页。

⑧ 出处同上，214页、212页、209页、216页。

分,严格说来是赞成或否定的基本意动。① 因为每一种综合意动都可能转化为简单的意动,判断的陈述性意动有一个与之平行的命名性意动。② 此外,因为判断可以通过各种程度的主观保证来传递,我们就有了从确信(conviction)到推测(conjecture)等不同程度的意动。③ 最后,与判断相对的是假设,假设作为对知觉和记忆的想象与判断有同样的关系,缺乏思考的乐趣,被剥夺了所有有效或无效的参考对象。④

在本书的后面部分,我们遇到了智力评价(intellectual evaluation)和智力偏好(intellectuol preference)的意动。前者如同价值的判断可以归并到判断的一般范畴。偏好的意动是否可以以同样的方式归并到比较的一般范畴,却不大清楚。⑤

在状态意识(consciousness of state)这个标题下,我们首先拥有的不易领会的要素是无意向的简单情感(或它们中的绝大多数),其次是客观指向的情感(感情的评估,价值判断的情感),以及与感情偏好相应的意动。⑥ 最后,原因的意识(consciousness of cause)包括意向,或者至少包括那些明确指向意向的情景,我们给它取名为爱好(appetition)和欲望(desire),以及意志的意动。梅塞尔坚持认为意向和意志的意动属于不同类型的基本经验。⑦

还存在注意的现象。根据描述来看,注意不是一种意动,而

---

① 《心理学》,207 页、211 页、212 页。
② 出处同上,208 页。
③ 出处同上,219 页。
④ 出处同上,220 页。
⑤ 出处同上,303 页、305 页。在后来的段落中对比较和偏爱作了区分。
⑥ 出处同上,276 页、303 页、305 页。对于情绪,见 167 页注③
⑦ 出处同上,311 页。

只是我的态度,我们的客体意识(这个短语首次在狭义上运用)便是在这种态度中形成或构成的:"客体对我们来说只有在我们注意到它们时才存在。"①因此,注意与客体意识具有密切的关系。的确,我们没必要顾忌在广义上用这个短语,看来感情评估、感情偏好和意志的客体也都是注意的客体。② 然而,客体赋予我们这一事实保证了注意的存在,客体的清晰性和可辨性随着注意的日益集中而增加,这是很有规律的,可以成为一个描述性的特征。③

§16. 梅塞尔和威塔塞克

到目前为止,我们已经简要回顾过的这个体系,在现象学或描述的方面可被看做整个意动心理学的典型。我们的目的是全面地评述这种心理学,特别是要确定,它在尝试把"心理"现象的特殊分类用作心理学研究的特定题材方面,是否比机能心理学更成功。但是,在我们涉及的作者中有两位——威塔塞克和梅塞尔——作为经验主义者,引起我们的兴趣,作为教科书的作者,似乎可以直接进行比较。如我们所说,威塔塞克属于麦农这一派,梅塞尔属于胡塞尔和屈尔佩这一派。那么,首先让我们来瞧瞧,这些心理学家学说的一致性程度如何。

---

① 《心理学》,254 页。
② 出处同上,256 页。
③ 出处同上,256 页、267 页;参看 50 页。梅塞尔似乎忘记了这个客体平时是超验的,它的清晰性和分辨性不可用作注意的心理特征(137 页)。确实,他的敏感性和敏感的辨别理论上含有一个内在客体;但他告诉我们(140 页),关于这种特别的问题,事实上观察者通常采取"自然的"、"客观的"态度。那么,的确是意动(胡塞尔的广义上的材料)的"内容"或"感觉"的清晰性和分辨性刻画了注意经验的特征。见《感觉和思想》,120 页,注③。

自然,首先出现的问题便是心理现象分类的问题,我们将在以后讨论。绕过这一问题,我们按顺序探讨这两个体系的要点。

(1)威塔塞克和梅塞尔都认识到意动和内容的区别。但是,威塔塞克把这些要素看做是不可分离的,没有内容就没有意动,没有意动就没有内容;而梅塞尔断言(有意经验的意动特征)可能完全作为意识的构成成分单独存在,感觉内容可能出现在没有意动伴随的意识情境中。①

(2)威塔塞克毫无保留地接受布伦塔诺的观点,认为没有哪一种判断、情感或欲望不是建立在观念基础上的。相反,梅塞尔把所有意识都看做意识的意识(consciousness-of),愉快或不愉快的情感本质上是可以指向客观的,正如"最初所希望的那样,客体可被看做观念和思想"。然而我们不能说梅塞尔拒绝这一规律:他的声明总是合乎要求的。②

---

① 威塔塞克,《心理学大纲》(在这部分以下引用为 W),1908 年,75 页;梅塞尔,《心理学》(在这部分以下引用为 M),1914 年,203 页、255 页。在《感觉和思想》(1908 年)中,梅塞尔认为,没有意动,感觉可能出现在意识背景中(40 页),但留下了分散产生的无内容的意动成为一个悬而未决的问题(100 页以下)。胡塞尔在《逻辑研究》中,似乎接受了无意动的内容(372 页、427 页),但否认意动特征,这一性质和材料的混合体能够绝对孤独地存在(560 页以下;参看 68 页以下)。在《观念》(172 页)中他留下两个问题没有回答。立普斯《心理学引论》,1909 年,15 页)宣称所有的内容或表象,不论是含蓄的还是明确的,都是客体象征性表象;他不能确定是否真正存在"无表象的思维"(imageless thinking)。斯顿夫相信在我们没有"注意"到事实的情况下,感觉可能存在,也可能发生变化。但这些感觉是现象,不是心理学的题材。他倾向于接受无表象的思维,但根据他的观点,每一种机能又有某种有关的内容[《现象》,1907 年,11 页、25 页、34 页]——有关无表象思想的实验资料在此并不影响我们。

② W,97 页、315 页;M,66 页、303 页、314 页。在 M 的第一段中,情感和意志"莫名其妙地包含客体的意识[在哪种意义上?]",似乎梅塞尔还没考虑过这一章的重要性。在 303 页,有一种认知和情感的"亲密关系"存在,但认知是基础吗? 在 314 页,与客体的意向和意愿有关的内容可命名为"实践的观念"(practical ideation),观念是在"这个词的最普遍意义上"被采纳的。但这种客观的参考已被宣布为内在的!——在《感觉和思想》(53 页以下)中,梅塞尔根据胡塞尔的系统阐述接受了布伦塔诺的规律。

（3）威塔塞克把感觉定义为"最简单的具有潜在内容的知觉观念"。因此除了感觉的内容之外，还有感觉的意动。对于梅塞尔来说，不存在感觉的意动，感觉的内容是通过知觉的"思想意图（thought-intention）而充满活力的"。①

（4）威塔塞克在犹豫了一阵子之后，把视觉和触觉的空间意识（space-consciousness）纳入感觉的序列。我们不大清楚他有关时间的态度，尽管他倾向于接受现在时（time-present）为真正的感觉。另一方面，梅塞尔拥有空间和时间（现在时、过去时、将来时）的易于领会的内容要素，但没有与这些内容相关的特定意动。②

（5）梅塞尔给有关"相同"、"类似"、"不同"等易于领会的表达方式"赋予"感觉内容，并以它们为依据。它们在心理学上作为感觉是有同样顺序的，没有特殊的意动。威塔塞克同意考虑

---

① W，102 页、218 页、298 页；M，75 页、139 页；《感觉和思想》，19 页、45 页。以及，胡塞尔，《逻辑研究》，第 2 卷，245 页、371 页、714 页；《观念》，172 页。对于斯顿夫来说，作为原始知觉方式的感觉都是意动（《现象》，16 页；参看布伦塔诺，PES，103 页、190 页等）。立普斯在 1903 年《引论》，2 页）谈到感觉的意动和内容，意动是以后版本中的"我的存在"（my having），这个术语没再进一步出现。实际上，1905 年立普斯指责了那些谈到感觉的"意动"的人；他说，他们所认为的是思想的意动！表面上看，他是在这个基础上批评胡塞尔，即胡塞尔简单观念的不合逻辑的意动是一种感觉的意动，实际并非如此。进而他批评了那些把感觉看成客体意识的方式的人，无疑，此时他想起了麦农。见立普斯，"内容和题材：心理学和逻辑学"，《巴伐利亚科学院院刊》（Sitzungsber. d. kgl. bayer. Akad. d. Wiss.），1905 年，516 页以下，521 页；麦农"论题材的高级顺序"（Ueber Gegenstände höherer Ordnung）等，《心理学杂志》，1899 年，第 21 卷，187 页以下、198 页；"论颜色及其混合规律"（Bemerkungen über den Farbenkorper und das Mischungsgesetz），出处同上，1903 年，第 33 卷，3 页以下；"论题材理论"（Ueber Gegenstandstheorie），《关于题材理论和心理学的研究》（Untersuchungen zur Gegenstandstheorie und Psychologie），1904 年，14 页；阿梅泽德（R. Ameseder），"为奠定题材理论的基础所作的贡献"（Beiträge zur Grundlegung der Gegenstandstheorie），出处同上，93 页以下。或许可以补充一句，立普斯真正的感觉过程有它的客体。《引论》，1909 年，79 页。

② W，171 页以下、201 页以下、215 页以下；M，148 页、176 页；《感觉和思想》，24 页以下。斯顿夫（《现象》，4 页、23 页）把这些东西看做现象。对于立普斯来说，时间和空间的直观形象其性质是广泛混合（真实过程或意识内容）的新产物，《引论》，1909 年，98 页、103 页以下。

共存和依赖性,但他把这种"表达方式"转换成特殊的完整的观念,那就是"产生的"观念(produced ideation),或者说是在感觉的影响和帮助下,主体自己产生的观念。①

(6) 威塔塞克把第三类复制的观念(reproduced ideations)与感觉和产生的观念放在一起,因此,他把梅塞尔分开来的记忆和想象的观念放在了一起。我们不大清楚梅塞尔是否提出赤裸裸的复制的意动,他了解想象和记忆的意动,后者(如我们将要看到的)属于威塔塞克体系的另一部分。②

(7) 梅塞尔和威塔塞克两人都认识到判断的特殊性。我们也注意到他们有几点区别。(a)对梅塞尔来说,判断的意动总是有联系的(bimembral)。用麦农的话说,意动是综合性的。对于威塔塞克来说,判断既是综合性的,又是规定好的(thetical)。(b)威塔塞克发现在判断意动中有两个不变的要素:赞成——否定和信念或确信(belief or conviction),以及一个偶然的要素:(确定的、可能的)证据(evidence)。梅塞尔认同这些不变的要素:赞成—否定,承认—拒绝,看似真实(不真实的)和确信,在他看来是一回事。他把证据看做赞成—否定的一个条件,把首

---

① W,225 页、232 页;M,180 页;《感觉和思想》,25 页。斯顿夫认为(《现象》,4 页、7 页、16 页、22 页、33 页)有一种不同于现象和机能的关系。立普斯把这种关系归属于统觉:它们是"在统觉我时客体彼此联系的方式",虽然它们是"明确由客体自身决定的"。见《引论》,1909 年,161 页、164 页。

② W,246 页以下;M,192 页。这里想象和回忆的观念是两种主要的观念,回忆不同于知觉的"恢复"。而 M,221 页则提示,在知觉和观念之间存在一种意动—差异[参看,考夫卡,《观念及其法则的分析》(Zur Analyse d Vorstellungen u. ihrer Gesetze),1912 年,270 页以下]。一般来说,M 仅谈及想象和回忆——斯顿夫(《现象》,16 页)在察觉 wahrnehmen 中包括了感觉(empfinden)和观念(vorstellen),只是现象似乎不同。立普斯有一种作为感觉经验或遭遇(widerfahrnis)的赤裸裸的观念,他也有想象的意动,以及在知觉和判断水平上的(内省)回忆的意动《引论》,1909 年,16 页以下、20 页、336 页)。对于胡塞尔的分析见《逻辑研究》,第 2 卷,463 页以下、471 页。

次真正体验到的判断看做认识的意动。(c)威塔塞克和梅塞尔认为判断可以通过不同程度的主观保证来表达。然而,对威塔塞克来说,差异存在于确信这一意动的剧烈变化中;对于梅塞尔来说,他并没有认识到意动的剧烈程度,差异在于用可能的来取代真实的。在威塔塞克的体系中,可能性的判断是内在的判断,与现实存在的判断不同。(d)梅塞尔把推理纳入判断,与判断有关的成分其本身就是判断内容。威塔塞克则把推理看做判断和推测两者共有的。①

(8)梅塞尔的知觉如同有意经验,实际上与威塔塞克的产生观念是一致的。知觉本身(不同于知觉观念)对威塔塞克来说是判断的一个特例。如我们所看到的那样,梅塞尔至少使所有的判断都成为有联系的。②

(9)记忆和认识对于威塔塞克来说也都是判断的形式。梅塞尔没有对它们进行区分,他的记忆意动和认识意动都不是判断,而是观念的一种模式。③

----

① W,279 页以下、295 页、310 页;M,206 页以下;《感觉和思想》,138 页以下。判断学说(像我在前面的注释中避免提到的形式—性质的判断)对于讨论显得过于详细了。对于立普斯来说,判断是我对客体要求的承认,见安舒兹,"立普斯创新的判断学说:一种阐述"(Theodor-Lipps' neuere Urteilslehre: eine Darseellung),《心理学文献》,1914 年,第 30 卷,240 页以下、329 页以下,我进一步注意到斯顿夫《现象》,26 页;参看布伦塔诺,PES,260 页以下)在判断中发现了"一种新的机能态度";梅塞尔对一组意动和多组意动的区分(M,207 页)取自胡塞尔《观念》,247 页)麦农在《论推测》(Ueber Annahmen)(1902 年,特别是 145 页)中讨论了规定的判断和综合性的判断。

② W,239 页、288 页以下;M,162 页。斯顿夫紧跟着布伦塔诺[《音乐心理学》(Tonpsychol),1883 年,第 1 卷,96 页;参看 PES,277 页],首先就判断的顺序提出知觉;他现在《现象》,16 页)又提出预先判断的知觉。立普斯在两种意义上使用觉察(wahrnehmung):对所遭遇到的事件,以及对客体的现实性意识。在这两种情况下,知觉都是预先判断的《引论》,1909 年,15 页;安舒兹,作品引用,334 页)。

③ W,290 页以下、292 页以下;M,192 页、239 页、247 页。立普斯在上述记忆的意动("知觉"和判断)中,还提出了熟悉(familiarity)的情感,《引论》,1909 年,336 页。

(10) 梅塞尔和威塔塞克都再次认识到推测的特殊性。然而,按照威塔塞克的看法,推测之于判断如同复制观念(记忆和想象的观念)之于认知(产生的)观念。按照梅塞尔的看法,推测之于判断如同想象之于知觉和记忆。此外,威塔塞克的推测包括梅塞尔的推测和缺乏乐趣的思想。威塔塞克的推测还进一步涵盖了假设,假设对梅塞尔来说,多少只是可能的判断。①

(11) 注意在两个体系中有明显不同的对象。我们记得,梅塞尔把注意放在他的三种现象学的分类之外,既不是认知也不是情感更不是意志。它是主体的一种态度,借此态度构成了客体。威塔塞克在判断的一种规定的(thetical)意动,即领会的意动中,发现了注意的主要事实。因此注意在所有四个方面与知觉、记忆和认识有关。②

---

① W,309 页、311 页;M,220 页。立普斯在有关推测方面同意梅塞尔的观点,但一般把推测看做是主观条件的判断(《引论》,1909 年,241 页以下),斯顿夫也对接受推测的特征犹豫不决(《现象》,30 页)。胡塞尔把假设看成位置意识(positional consciousness)的一种次要方式,宣称麦农的推测(annahme)是一个含糊的术语(《观念》,224 页、228 页)。对麦农本人来说,推测是一种基本的心理事实,包含在思想的一般标题下,与判断相伴随(《论推测》,1902 年,266 页、276 页以下)。如果人们倾向于使它成为一种判断的形式,那么它将是一种想象的判断[《我们所知的实验基础》(Ueber die Erfahrungsgrund Lagen unseres Wissens),1906 年,60 页;参看《论推测》,285 页]。

② W,297 页;M,254 页。在《感觉和思想》中,注意不是我们的客体意识的组成成分,而是"一种特别高度的客体意识"。在《逻辑研究》中,胡塞尔实际上也是含糊其辞的。他很清楚注意包括"注视和猜想(des anschauenden und denkenden meinens)的整个范围(162 页以下);他也清楚如果我们自己参与到它们中去,也就是,注意到它们的客体,那么"意动必定存在"(385 页)。但他无法确定是否这种注意本身便是意动(386 页)。在《观念》中,注意不是一种意动(65 页),而是从纯粹的我(pure I)中产生,并终止于这个客体的一线光明。因此在所有那些是我的态度或意向的意动中,它是内在的;从现象学上看,它是在变化中表现自己的,有一种独特的主观特征(192 页)。在 M 中的梅塞尔承认自己追随立普斯,但他对立普斯观点的采纳并不明确(《引论》,1909 年,79 页、142 页)。对立普斯来说,客体是由理会的意识活动的最终意动构成的。斯顿夫最初是把注意看做一种情感,现在又将注意的机能归属于分辨的特质,他把分辨比喻为一种或多或少的"意识的积累"(accumulation of consciousness)(《现象》,11 页、17 页)。

（12）在情感心理学中，我们估计也存在着差异。不过，值得注意的是，对威塔塞克来说，所有的情感都是意动，而对梅塞尔来说，所有的情感（除了价值的情感）都是内容。奇怪的是，感觉情感（sense feeling）和审美情感（aesthetic feeling）处在一条线的两个极端。按照威塔塞克的观点，审美情感直接指向观念的内容：意动的变化（比如从感觉到复制的变化）并不影响它们。另一方面，感觉情感本质上与观念意动有密切联系：感觉到痛和记住痛是两码事。按照梅塞尔的观点，感觉情感就是与感觉内容直接联系的情感，审美情感就是建立在"客体意识的意动"基础上的情感。我们估计这种差异不会更极端。①

（13）梅塞尔用整整一章的篇幅来讨论价值的意识问题。这种意识的最初形式是感情，其最简单的形式就是情感的意动，也就是客观指向的喜悦或不悦。威塔塞克体系的观点是不同的，就像有些情感建立在意动基础上一样，其他的情感建立在感觉内容基础上，与判断有关：合乎逻辑的情感或认识的情感建立在判断意动基础上，而价值的情感或伦理的情感建立在判断内容基础上。因此，对梅塞尔的解释，我们感觉到的困难——简单的情感与简单的感觉一样，其本身如何能接受或获取意向性（intentionality）——得以避免。此外，威塔塞克能够从判断进行到推测，并不存在建立在推测意动上的情感，但存在游戏情感（play-feeling），与真正的严肃的情感（serious feeling）截然不同，它是建立在内容基础上的情感。梅塞尔对这些问题保持沉默。②

---

① W，324页；M，295页。
② W，328页、330页；M，303页。对立普斯和斯顿夫来说，价值的情感总是蕴涵着判断（《引论》，1909年，341页；《现象》，27页、30页）。胡塞尔在《观念》（239页以下）中用他自己的术语提出这个问题。

(14)我们也能在意志心理学中看到差异,我们不再失望。对梅塞尔来说,意志的意动是基本的,可以与同样基本的意向或欲望区别开来;对威塔塞克来说,它是那个同样基本的欲望发展的最高水平。根据梅塞尔的看法,对一个客体的欲望或愿望,与对一个客体的观念或思想,是同样直接的;根据威塔塞克的想法,欲望或愿望不可能是客体,只能是目标(objective)。欲望总是取决于某些推测,因此这种差异继续存在。在威塔塞克的文章中,意志可被理解为一种奇特的体系构建的简单反应图表(the simple reaction figures),依照屈尔佩的看法,"大体上是对意志或意向进行准确的实验研究"的基本手段,而梅塞尔作为屈尔佩学派的一员,则在有关注意的篇章中来处理它。①

上述14个要点足以显示了两个体系之间存在的相似性和差异性。两者存在相似性,我们看到早在1874年以前,②冯特和布伦塔诺之间就存在相似之处,如果40年以后两种经验的体系不存在相似之处,那是令人奇怪的。相似程度也比一般的要高些,这是一种亲属之间的相似,两个体系是同一类型的。然而差异也很多,每一章都存在的差异促使我们要在两者之间作出选择。

要探寻这种差异的根源并不是件容易的事。显然从表面上看,梅塞尔的体系是多种体系的综合,威塔塞克的体系具有严谨的逻辑性。一个受到了几方面的影响,另一个受到的影响主要来自一个方面。如果我们把这些体系看做一个整体,或许能够

---

① W,349页、351页;M,311页、314页。对于反应,见 W,363页,M,265页、273页。立普斯从意向中得到意志(《引论》,1909年,258页、301页以下)。斯顿夫《现象》,26页、30页)似乎在情绪机能中包容了意志。

② 参看,2页以下。

找出下面这个差异的主要根源。梅塞尔决心在意识的易于领会和不易领会的因素之间架设沟通桥梁，或者说把"观念"和"印象"联系在一起。因此，不管他对"感觉论"（sensation-alism）多么反感，他还是把大量篇幅用于易领会的因素，甚至草率地对待易领会的一个内容，即"机能"的不确定（functional indefinite-ness）。① 相反，威塔塞克用意识经验这一低水平的术语来区分意动和内容。但威塔塞克有着所有布伦塔诺对判断的偏爱之情，转而又加入了麦农对推测的偏爱之情。所以我们发现这些东西笼罩在他体系的整个第二部分，梅塞尔则在更加独立的基础上处理情感和意志。② 体系分歧的真正原因就在这里。一些仍处在现象学的水平，另一些则处在我们尚未接触到的水平。一种不偏不倚的见解使我们谈到的亲属之间的相似性显现出来，而追随者比较亲密的、狭窄的观点只能导致派别偏见。对于梅塞尔的学生来说，威塔塞克将是持异端者；而威塔塞克的学生必然对梅塞尔的保守性尖锐地提出质疑。

---

① M，180 页。这个观念重新出现在《心理学文献》，1914 年，第 32 卷，54 页。机能不确定这个概念，根据梅塞尔自己的陈述，完全不适合处在内容的背景中。参看"论意动的概念"（Ueber den Begriff des 'Aktes'）中描述性的概念和机能的概念的区别，《心理学文献》，1912 年，第 24 卷，250 页，等。对这个概念本身，见 G. E. 缪勒，《记忆与想象活动的分析》（*Zur Analyse d. Gedächtnistätigkeit u. d. Vorstellung-sverlaufes*），1913 年，第 3 卷，545 页。

② 威塔塞克的热情导致他注意到，"对于我们的心灵很特别的，指向客体的这种超越（transcending），严格说来只是判断或推测的一种机能"（W，310 页）。至少这是一个不谨慎的声明！因为如果指向性是心理的标记，如果观念的方向是由于判断或推测的"协同作用"，那么观念本身就不是心理的。在这种情况下，布伦塔诺的规律暗示着在心理领域的核心部位，心理的和非心理的成分的混合。

§17. 意动的分类

该言归正传,回到我们的主要任务中:把意动心理学作为一个整体进行正确评价。如果我们的目的只是辩论,以不存在"作为一个整体"的意动心理学这样简单的声明来打发,那当然很容易。确实,具体说来我们要探讨的是多种心理学(psychologies),而不是一种心理学,是要进行鉴别而不是合并。从意向论(intentionalism)这个共同点出发,我们的作者已经走上了大相径庭的道路。然而问题在于这种分歧的根源,它们究竟有多深——它们只是表面上的,偶然的,还是本质的。我们只有面对这个问题并对此作出回答,才能断言或者否认可根据一种独特的有意事实来设计出心理学。

我们将通过对这种意动——有关分类的态度,有关感觉和注意的特殊主题的态度——进行考察,来提供三种尝试。

我们先着手处理心理现象的分类问题。在这一点上可以轻而易举地表明这些体系是不同的。它们确实很不同,我们可以看到一种、两种、三种或四种的划分方式。① 但我们必须记住分

---

① 我们迄今为止尚未找到实例的这种单一的终点,是亚历山大(S. Alexander)意向体系的特征:"只有一种最终的心理过程[连续的一套意动或觉察或快乐],那就是意向"["一种意向心理学的基础和草案"(Foundations and Sketchplan of a Conational Psychology),《英国心理学杂志》(Brit. Journ. Psych.),1911年,第4卷,243页;参看雷伯恩(H. A. Reyburn),"心理过程"(Mental Process),《心灵》,N. S.,1919年,第28卷,19页以下]。这一类的某些内容出现在内托普(P. Natorp)的心理学中。意识可以抽象地划分为三种要素:我,内容,以及我和内容之间的关系。因为这个我是心理学的先决条件,因为与我的关系是一种不可简约的不明确的终点,像我一样,也是心理学的一个先决条件,那么接下来心理学只能解决内容问题了[《普通心理学》(Allgemeine Psychologie),1912年,第1卷,24页,33页]。

类首先是为了提供方便,机能学派和经验学派也没能提供一种被人普遍认可的分类。因此这些差异证明,意向论对分类并非万无一失或毫不含糊的。值得注意的是:如果我们考虑一下一个心理学家在他系统思考的不同阶段采纳的分类方式,就会更加明白了。幸运的是,我们在斯托特和立普斯的著作中找到了所需要的两个例子。

在斯托特的《手册》(*Manual*)(1899)第一版中提出的分类是非常简单的,我们可以阐述如下:

Ⅰ．客体意识的基本方式

    a．认知态度或认知

    b．情感态度或情感(总是依赖于认知)

    c．意向态度或努力(与认知协调一致)

Ⅱ．此刻对意识的认知机能并不起作用的经验

    d．感觉能力(sentience)或潜意识(sub-consciousness)

毫无疑问,斯托特试图通过客观的参照涵盖整个意识领域。感觉能力(这个无关的范畴)不过是静止的认知:它可能引起客体的意识在特定时刻发生改变,或不再履行这一介绍机能,它必须从现有的种类中区分出来。然而就像潜意识这个术语所证实的,它们只是处在以呈现为目的的较低的发展水平。①

第三版的分类(1913)较复杂,我们或许可以阐述如下:②

意识的方式

---

① 斯托特,《心理学手册》(*A Manual of Psychology*),1899年,56页以下、68页以下。所有那些并不适合于我在《思想历程》(*Thought-processes*)(1909年,224页以下)中指出的"感觉能力"这一概念。

② 我说或许只是因为我正采纳了注意这章的三种简单领会的形式,注意是意向(出处同上,1913年,125页)。

Ⅰ. 主要是客观的直接经验,或呈现

    a. 感觉

    b. 表象

    c. 没有表象或难以名状的呈现

Ⅱ. 主要是主观的直接经验,或意识主体与其客体关系的基本方式

    a. 简单的领会(b 和 c 的前提条件)

        ① 含蓄的领会或潜意识

        ② 介乎两者之间的觉察

        ③ 清晰的领会

    b. 认知态度

    c. 兴趣的态度

        ① 被动的:情感态度

        ② 主动的:意向态度

    两张表有两个主要的分类,但我们马上注意到这两种分类并不吻合,在第二张表中斯托特放弃了只借助客观的参照进行分类的企图。用 1913 年的语言来说,1899 年的呈现是"主观"的经验,认知的方式;如果感觉能力不是呈现,那么至少它在片刻以前是呈现,片刻以后也将是呈现。然而,此时这种感觉能力已经与它的替代物潜意识区分开来,扩展为客观呈现的一个新范畴,与认知完全区分开来;而潜意识仍然是"主观的",在一个新的基础的不同的客观参照物中,仍能找到它的位置。这个体系的全部观点都改变了。①

---

    ① 《心理学手册》,1913 年,3 页、129 页、532 页等。

立普斯最初的分类(1903)也是非常简单的。构成心理学题材的"意识内容或意识经验"有四种基本分类：

Ⅰ．"决心直接体验的我，情感"（绝对主观的内容）；

Ⅱ．"感觉和感知的内容，那就是，简单的感觉内容，感觉内容的混合体，以及排列的空间时间的形式和方式"（绝对客观的内容）；

Ⅲ．"对我和客观事物关系的直接体验，我与客观事物的一般关系"（间接内容）；

Ⅳ．"与所有这些内容有关的观念内容"（次要的客观内容）。

这张表是详尽无遗的，它命名了所有意识内容的种类，"不再有其他的意识经验"。① 当读者确信"现象的意动"属于关系这一类，或者属于介于我和客体之间的内容时，立普斯体系的完整大纲就呈现在他面前。

但在1909年，立普斯放弃了为意识编目录的想法。心理学现在必须研究"意识和意识经验"。当这个题材在这本书的引言部分展开时，②我们发现了一种错综复杂性，这种复杂性无法通过还原使其简化为一张简单的表格。下面的总结显示了某些初学者必须争论的复杂内容。

（1）立普斯谈到经验、内容、意动、活动、状态和意识的色彩。

内容不是经验，而是意识中体验到的表象或印象。

意动本质上也不是经验。在我们思想和意向的意动中，我

---

① 立普斯，《引论》，1903年，16页以下，特别是20页。
② 出处同上，1909年，1~43页。

们一般不体验需要领会和期望的客体。我们"只就我们对它们有适当表象的这个范围"来体验客体。

活动和状态(后者与色彩等同)是经验。

(2) 经验既是客观的又是主观的。这类客观经验是感觉,是简单感觉内容的存在。这个术语也包括赤裸裸的感知经验,在空间和时间安排中唯一存在的一种感觉内容的混合体;还包括赤裸裸的观念,就像想象的内容一样,我们在这种观念中拥有外界某些客体的表象。所有其他经验都是主观的,它们属于情感这一类。

根据它们客体的属性,思想的意动虽然(如我们曾看到的)本质上不是经验,却是既主观又客观的。

(3) 我们必须注意到"经验"并不意味着含有完整的意识资料或独立的意识资料。例如,我们在感觉中拥有作为客观经验的感觉内容的存在,也拥有作为主观经验的我自己感觉到的经验;因此每一种客观经验包括或兼容了一种主观经验。同样,虽然我的意动本身不是经验,但我自己把它们体验为思想、欲望等等,在此意义上,我的意动是主观经验。

(4) 立普斯区分了感受经验(receptive experiences)、意动和状态。感受经验就是我们"意外碰到"的经验:感觉、要求的经验。处在感受经验对立面的是意向的意动,我们在此意动中指向某些客体。感情状态与这两者不同。

(5) 感觉可分为视觉、听觉等等。

状态全都包含在喜悦——不悦这一对立面中,或者在那个范围内移动。然而,由于许多状态都有了名称,我们似乎有必要作进一步区分。

意动在某些细节上是特别的。因此我们有了产生的意动（想象的表象的唤起），感受和产生相混合的意动（思想），目标的意动（意向），"打起精神"和"坚持到底"的意动（意向活动的出发点和终点），承认的意动（判断）。这些关系并不是很明确，或许存在两类意动：一类包括了想象、思想和判断，另一类包括了意向和意向活动。

（6）意向和活动可能既是主动的又是被动的。根据它们所指向的客体的属性，意向和活动可能既是内在的又是外在的。内在的活动是理解的活动、想象的活动和统觉的活动（后者又是特别不同的）。外在的活动是身体的活动。

显然，我们在意向的经验（要求的主观经验）和意向活动的经验（实际的情感和潜在的活动）中，拥有了主观经验的基础或潜在势力，这种主观经验不同于为它染上色彩的特殊的情感，但对此我们并不太清楚。

（7）与意动和活动相伴随的是有关它们关系的主观经验：条件的经验、争论（issuance）的经验、依赖（dependence）的经验，立普斯把它们组合在一起，称为动机的经验。

（8）每一种意识经验和意识中体验到的每一件事，以后都可能以一种复制的表象或观念的表象形式再次发生。

（9）意识是有意的，但有意的方式和程度不同。感觉只是潜在或含蓄地容纳客体。思想的意动阐明这些客体，这样，意识此后可能忙于处理这些客体。在思想中存在一种"我和客体之间独特的相互作用"。另一方面，意向和意向活动总是指向某些事物，它们是所要求的客体和个体意识之间的相互关系或协同作用。因为所有的情感都是这种意向活动的色彩，没有情感，我

自己就无法感觉如何与一个客体发生联系：我对某些事物是愉悦的还是沮丧的，是充满信心的还是彻底绝望的。最后，动机的经验似乎是有意的，与一般的意向经验类似。

极少有人建议采纳1903年那种列表分类的阐述。无疑，早期版本的四种分类都可以在后来的版本中找到，但我们想要进行精确分类的努力遭到挫折。毕竟我们想要知道，是否立普斯最初简明的说明不会比真实的情况更表面化。无论如何，我们在意识经验中找不到心理学错综复杂的问题的线索。如果我们希望为事物排列顺序，我们就必须深入探究意识背后的无意识现象。

总结做起来乏味，读起来也乏味。在这两个实例中，我们已经承担了这样的工作，因为他们及其导致的比较，可能需要依靠意动—体系（act-system）。首先，我们注意到，他们相当明确地提出了意向论是否适合整个心理学题材的疑问。确实，那是一个大问题，我们在任何情况下，都无法在这方面找到答案。我们只是注意到这是在一开始由意动体系本身产生的问题。斯托特似乎已经跨越了他最初认可的界限，立普斯只是通过增加他的意向的模糊性，从而保留了这个原理。然而在另一方面，这些总结使我们对这些体系作者的态度和兴趣有了积极的看法。显然兴趣存在于对这个体系逻辑性的争论与讨论，阐述以及鉴别中，而不是观察的事实中。

的确，阅读斯托特的第三版使我们受到不少的启发。第三版已经介绍了不少近代的人物，以谢灵顿（Sherrington）取代福斯特（Foster），迈尔斯（Myers）取代艾滨浩斯（Ebbinghalls）。但作者的实力难以增加了，"观点"是斯托特所关心的，其中主要对其他人观点的批评讨论,以及对他自己观点的阐述。整个庞大的实验领域情况错综复杂,这种错综复杂是由依赖的条件、理论偏差、观察者训练的程度以及所有其他方面构成的——对心理科学来说,这大批的素材是通过洛克(Locke)、休谟(Hurne)和陆宰(Lotze)来思考,还是由沃德(Ward)、詹姆斯(James)、赖德(Ladd)、马歇尔(Marshall)以及斯托特本人来思考,其结果是大不相同的。即使在对低等动物进行实验的事例中,斯托特涉及专题材料时,他的态度基本上也不是科学家的那种方法细致、概括严谨的态度。他感兴趣的只是来自观察的事实,是对事实的系统安排,以及对它们的解释和说明。至于立普斯!他的学生将意识到在心理学范围内,不会有他在物理学和生物学学习中遇到的存在同样顺序的事实。他需要去"体验"难以名状、难以描述、无法定义、独一无二的材料;他通读了要求他接受的有关这些基本分类的一系列极为武断的阐述。如果他希望了解得更多,他就要阅读立普斯本人的其他著作。①

　　我们可能认为立普斯的意见非常值得了解,斯托特的意见也值得了解;我们也可能认为——不光如此,我们将坚持——逻辑结构有它必要的地位,是整个科学体系的一半,我们只是忘不了这一半少于整体。此外,我们从总结中看到最初所作的这种声明,不论是武断的还是争论性的,都很不稳定。沃德曾经评论说:系统心理学"每六年就要发生变化是不容易的"。② 那么在意动心理学中,易于改变的是什么?有些东西发生了变化:在

---

① 《引论》第三版要求读者去查询其他作者写的三本书:感觉融合见冯特的《生理心理学》,声音融合见斯顿夫的《音乐心理学》,记忆见奥弗纳(M. Offner)的《记忆》(*Das Gedächtnis*),这部著作出版时,《引论》的新版本还在准备中。

② 《心灵》,1891年,第3卷,143页。

认知中加上简单的领会,纯粹的我的删除和加入,知觉从判断跌落到预先判断的水平,内容是经验或不是经验,感觉没有它自己的意动或有它自己的意动,等等。确切说来是发生了系统变化!如果它们反映了日益增多的事实,或与事实同步,如果事实大体被看做这种变化的基础和保证,它们就不会受到公开的批评。在缺乏基础事实的情况下,根据他们工作的一般趋势和一般进程,我们必须得出结论:斯托特和立普斯的心理学基本上都是应用逻辑的一类。他们一开始先是提出一定的经验概念——意识的客观参照,意识的我,并尽可能完整连贯地阐析这些概念。他们思考的时间越长越认真,可了解的意义就越多,可区别的方面也越多。那么,这就是我们对意动体系进行总结的积极意义。①

提到感觉的意动和内容,我们就要开始第二点。感觉——无论如何定义,我们在以后的日子里不必过于好奇地调查它的定义——从一开始,就是意动体系真正困难之所在。我们对此概述如下:

感觉	意动	内容
布伦塔诺、霍夫勒、亚历山大	心理	物理
威塔塞克、盖泽尔(Geyser)	心理	心理
斯顿夫	心理	现象学的
立普斯、胡塞尔、梅塞尔	无	心理

---

① 可以补充一句,在我们早期的讨论中,那些醉心于事实而忽略了逻辑性的科学心理学家,可从这种概念的阐述中学到大量的东西。当我既不接受感觉论,又不承认其所包含的内容时,有时我就不大愿意阅读逻辑上"暗含"我自己的"感觉论"的内容。对所有这些问题,这样一种逻辑评论都是有益的。

这张简表模糊了许多差异。布伦塔诺把内容与客体等同；霍夫勒在简单的心理、心理要素的观念中有一类似感觉的东西；亚历山大把所有心理意动看成意向的意动，等等。这张表也只仅仅是解释了"意动"这一术语得以系统运用的某些体系，它省略了闵斯特伯格的"理智关系"以及斯托特的"呈现机能"(presentative function)等等。不过，它表明困难是实实在在的。能确定的一件事就是，在这个世界的某个地方，我们碰到了感觉内容，然后我们自己决定它们是物理的还是心理的，或者既不是物理的也不是心理的。有关感觉意动方面我们还不曾如此有把握。①

我们的总结中提到的，意向论是否适合心理学题材这一疑问，似乎得到了共鸣。因为如果一个人从意向论出发，就难以找到任何比外界客体知觉更简单的东西。但是我们是否应该从历史或经验主义角度提醒人们，有些东西在逻辑上②先于知觉，那就是感觉，而感觉显然并不是有意识的。那么，我们要做些什么呢？人们很可能将有意的意识说成"含义深刻的意识"——无论其可能意味着什么；人们可能描绘出意识的内容和形式的区别——似乎形式在某种意义上是意图的保证；人们可能使"潜在的"意图与"实际的"意图相对应——那么它意味着什么。或者人们可能抛弃感觉内容，把感觉意动当作知觉的一种方式，观念

---

① 霍夫勒，《心理学》，1907年，210页；亚历山大，"论感觉和表象"(On Sensations and Images)，《亚里士多德的社会学进程》(Proc. of the Aristot. Soc)，1910年，1页以下；盖泽尔，《普通心理学讲义》(Lehrbuch d. allg. Psych.)，1912年，49页、224页、306页；闵斯特伯格，《心理学纲要》，1900年，第1卷，309页；斯托特，《手册》，1913年，210页。

② 或许是年代顺序的优先，在某些体系中感觉仍然有一种发生的味道。参看霍夫曼，"感觉概念的研究"(Unter Suchungen über den Empfindungsbegriff)，《心理学文献》，1913年，第26卷，1页以下。

的一种方式,或者意向的一种方式。人们还可能坚持意向论这个词汇,把感觉、意动和内容结合在一起,使其成为知觉的谦卑的替身。一个人走什么样的道路是品味问题,最终的体系如何牢不可破则是技巧问题。由此我们当然可以得出以下的结论:某人自己的主观自信程度以及无懈可击的尖锐批评,并不能阻碍他人同样的自信以及相反的批评。但是自我分离的房子是立不起来的。

话虽这么说,毕竟我们还不能证明这"房子"是分裂开来的。处在心理之外的感觉,形成心理系统的边缘。我们在开始时遇见它们,以后就极少去接触它们。除此之外,这样的困难很快就要解决。斯顿夫解除了所有可疑的要素,所有的感觉和意向的内容都被遗弃,从而足够明确地解决了这个困难。为什么我们要如此强调这一最初的困难呢?

持异议者忘记了我们正谈及体系,一个体系必须始终都是有系统的。他也忘记了意动心理学中不同的意见主要是由于他们坚持系统化的缘故。在此他们的主要兴趣是应用逻辑方面,开始的毁坏是逻辑上的,与后来的毁坏同样严重。不过,我们不必满足于这个答复,我们将步入这些体系的核心,进入注意学说。我们将发现注意和感觉一样,也是意向学派的一块绊脚石。

我们得把立普斯的体系作为一个例外。不过立普斯的整个体系都是例外的,可以说它包含了两种心理学,真实的和现象的,无意识的和意识的。按照立普斯的看法,每一种真实的心理过程,由于它吸引或占用了心理力量,从而有了一种内在的能量。此刻注意,严格说来,是一个不属于意识,而属于真实心理领域的术语:它不过是自然增长到一个真实过程的心理力量,这一心理力量把它提升(在有利条件下)到意识阈限上。我们因此"有"了一种意识内容。如果这个过程仍然吸引了更多的力量，或者说注意更大程度地转向它，它就变成一个思想过程，我们在意识中就有了以简单的思想意动而告终的领会活动。这一点便是智力的阈限。如果这个过程能够进一步吸引心力，它就变成一个统觉过程，我们在意识中体验到统觉活动，随着环境不同，这种统觉导致较高智力层次的不同意动。注意始终是"转向"观念、思想、统觉的真正过程，或被这些过程所吸引的心理力量。

无可置疑，这种注意说是合乎逻辑结构的。如果我们表示反对，我们的反对意见只能是，它建立在纯粹虚构的基础上。对于立普斯来说，那既不是反对意见，也不是为难之事。他坚持认为虚构是必要的，他自己的"思想基础"适合于这种心理场合。正如他所承认的，如果我们对过程和过程的阶段，心理能量和心理力量一无所知，那确实是我们的不幸，但我们可能更欢迎用于补充认识不足的思想。①

对于这样一种例外的体系，注意没有惊慌，有的只是缺少快乐。如我们所知，斯托夫把知觉的原始机能与"登记"(take note of)等同，因此注意从一开始似乎就出现在意识中。这种知觉有一等级差别的属性，然而斯托夫不太相信这一点，只是被迫象征性地谈及"意识的积累"。梅塞尔从胡塞尔那里得不到帮助，只好转向立普斯。注意是我的一种态度，逻辑上先于我们对客体的意识——所有意识都是客体的意识。威塔塞克在与胡塞尔学

---

① 《引论》，1909年，78～83页，141～148页。

派的直接冲突中,使注意成为意动,一种判断的无处不在的意动。他补充道:"对许多当代心理学家来说,这个意见只不过显得怪异,但它同样是真实的。任何人,只要他能辨明判断的意动具有心理学上的特殊性,就能毫无困难地在注意的构成成分中认识到它。"盖泽尔用立普斯的术语把注意意译为我们"理性地占有"一个客体,他必须从两个方向超越意识,以便使他的主体处在控制之下。作为心理生理能量的注意有责任使某些意识内容清晰起来;注意作为心灵对于意识内容的理性占有(这种"心灵"是一种补充的推理,而不是观察),使得我们能够看到意识内容。所以存在两种注意,两种都不是心理学意义上的。像《感觉和思想》中的梅塞尔一样,普芬德把注意看做是我们对客体的较高程度的意识,对客体的意识程度越高,则从意识的我涌出并作用于其直接客体的光束越密集,或者说越集中。最后,斯托特在所有三个版本中都保留着这一阐述,即"注意等同于在其认知方面考虑到的意向",以及"意向和认知是同样的一个过程中的不同方面"。这些阐述毫不含糊,却似乎是不可调和的。①

  对于经验主义者来说,实验运动把注意带到系统心理学的前沿,是件很糟糕的事情。② 意向论可以解决知觉、想象、记忆、思想、情绪和欲望,却难以解决注意问题。在感觉中它发现得太少,在注意中它发现得太多。从经验上看,如果注意的自身属性

---

  ① 威塔塞克,《大纲》,297 页;盖泽尔,《讲义》,256 页以下、261 页以下、724 页,特别参看 263 页:"这种反射性注视并不代表客体的意识,也就是说,它并不是察觉的一种方式,而是对我们意识到的事物内容的快速拥有,结果心灵在这种内容中加强了它的关系的意动,又进一步扩展到对内容的觉察。"斯托特,《手册》,1899 年,247 页、581 页;1907 页,257 页、599 页;1913 年,367 页、704 页;普芬德(A. Pfänder),《心理学导论》(Einführung in d. Psychol),1904 年,272 页以下、254 页以下。

  ② 参看我的《情感与注意》(Feeling and Attention),1908 年,171 页以下。

不是有意的,那么它又会是什么呢？它也是一种多余物品,遭受与感觉相类似的命运。它被抛出意识领域,却不(确实)进入物理或现象学领域,而是进入逻辑优先权的范围,否则它被看做某些特定的意识过程。两极相通,对于霍夫勒和威塔塞克,最简单的知觉形式是感觉;对于斯顿夫,最简单的知觉形式变成一种含蓄的注意。

§18. 对意向论的批评

意动体系中存在的差异实际上是根本的、不可避免的,而不是表面的、偶然的。在题材方面,意向论不能妥善处理感觉和注意,又不能抛弃它们。威塔塞克确实采取了冒险的举动。感觉是知觉,注意是判断——这个体系得以保留下来。但是在麦农学派以外,有谁会接受以这种普罗克拉斯提(Procrustean)的术语提供的救助？此外,对系统化的兴趣,为逻辑而应用逻辑的兴趣,使得所有意动心理学家各具特色。心理学在联系、辨别以及建构中求助于心理学家个人的足智多谋。因此这种号召力是个体的,就像在哲学或诗歌中一样,结果必然反映了作者的个性。我们看到威塔塞克和梅塞尔之间存在许多不同,现在可以更有把握地说,这些差别越来越大。它们不是两个科学心理学家的差别,而是根据系统心理表达自己看法的两种个性的差别。如果意向论是科学的,那么科学不再被称做非个人的。

的确,我们将如何不通过个性,而通过对特定气质的训练来解释"意动"本身的不同定义？立普斯认为意动是意识中的我的行为。他在论文中的这种描述,狂热而又足智多谋,是高度自我意识的"个体"之所为,并对其他个体和物质的世界作出反应。对胡塞尔来说,意动是某些不同的东西,相比之下,似乎具有被动性:具有一定基本结构的经验,本质上有意组合的经验。胡塞尔是在提醒我们没有什么东西像熟练的词典编辑者一样,对他面前的世界强求每一种可辨别的意义形态,把它与日常生活中我们看做同义的词汇区分开来。最后,斯顿夫的意动处在这两种意动之间,它是一种主动的意动,却不是我的行为。它是一个主动的动词,在现象和关系中移动,形成与它"相关联的事物"——一种毛翅目幼虫,在各不相同的环境中用枝条、贝壳和石头等不同材料为自己盖栖身的房子。我们用不着说更多的话。我们拥有一种意动,它是我的行为,以及被看做我的行为;我们拥有一种意动,它在不主动的端点中被看做主动的端点;我们拥有一种意动,它有具体的意图,成为认识形态学的题材。那么,对心理学来说,"意动"是什么呢?我们终究又回到争论的出发点:没有意动心理学,只有心理学。但我们现在可以补充一句在一开始我们不能说的话,即在意向论的基础上,只会有心理学。

然而,我们在此评价意动心理学和机能心理学之间的显著差异;却没有理由假设机能心理学享有更长的生命力。机能心理学受后达尔文时代(post-Darwinian)的热情激发而诞生,当时进化论似乎回答了这个宇宙的所有困惑;它从松散通俗的生物学中通过类比得到了养分;它将像其他的时尚一样流逝。实际上,现在它可能正在流逝。把自己标榜为"行为主义"(behaviourism)的运动———一种不仅没有精神(psyche)和心理(psychical),而且没有心理学的心理学——至少在否定的方面,似乎从对机能心理学的不满意中获得它的动力。① 但也有可能,机能主义中没有生命的种子可以与本质上属于机能主义的长期自我—更新(self-renewal)的力量相比较。机能心理学(如果我们可能再次改变这种状况)是一只寄生虫,是行将灭亡的有机体的寄生虫,由此意向论变得与常识一样经久。我们很久以前就注意到经验心理学家(我们现在可能说,意向心理学家)把他发现的东西记在心里,像这个世界上所有其他不是心理学家的人一样,他是在运用中发现的;他在人类与自然的相互作用中,与同伴的相互作用中,在他自己的进程中积极主动地发现了它。② 那就是"心灵"本质上如何将自己呈现给常识,呈现给凡夫俗子,呈现给缺乏心理学训练的聪明的科学家。一个伟大的数学家和物理学家在 1869 年谈到"心灵现象"时宣称,"我们不企望科学在此帮助我们,因为研究仪器本身是调查研究的客体",因而(那就是说)我们研究的心灵是我们借此研究的心灵,或者说我们寻求了解的有意经验是我们借此了解的有意经验。50 年的岁月,在我们的科学大桥下流淌过多少曾经辉煌的思想。如果这种说法遭到反对,我们可以指出,物理学家泰特(Tait)在 1885 年,生物学

---

① 关于行为主义,无论就它的概念来说,还是就它与心理学的关系来说都还没理清楚。见鲁宾逊(Robinson),"作为心理学概念的行为"(Behaviour as a Psychological Concept),《亚里士多德的社会学进程》(*Proc. Arist. Soc.*),N. s.,第 18 卷,1918 年,271 页以下。通过具有生物学意义的行为主义的文章,J. B. 华生(J. B. Watson)公然提出反对机能主义[《行为,比较心理学引论》(*Behavior, an Introduction to Comparative Psychology*),1914 年,8 页]。从逻辑上看,严格意义上的行为主义是不会与一门现存的心理学争吵的,因为两种原理之间没有关联点。唯一可能的联系是极端行为主义者倾向于相互关联。参看我对华生的批评,"论'行为主义者眼中的心理学'"(On'Psychology as the Behaviorist Views It'),《美国哲学社会学进程》(*Proc. Amer. Philos. Soc.*),第 53 卷,1914 年,213 页。

② 见 20 页。

家汤姆森(Thomson)在1911年都重复过斯托克斯的话。① 而今心理学界以外的绝大多数科学家都毫无疑义地接受了这样的看法。难怪心理学界内也有这种同样常识性的态度,一种如同母语一般为人熟悉的态度,这应该是很有代表性的! 我们总会有受到布伦塔诺影响的心理学家:我们尝试弄明白的是,这些人将给我们带来的是多种心理学,而不是(如布伦塔诺所希望的)单一的心理学。

这些结论可能会使我们满意,它们表明了意向论带来浅显、自然、贴近、常识性的心理学观点和心理学问题,表明这种视前科学观点为科学的做法,是重视了个别差异,重视了个人多样化的阐述和分类,我们可能通过唯一的对立争论(counter-argument)做了自己能够做的事情。列出与意动心理学家相对的那些心理学家一览表没什么用。那些心理学家否认在意动内容中发现了有意的经验,因为赞成总是比否认更合乎逻辑。此外,否认本身转移了论述的领域,或者改变了看待"意识"的观点。当阿赫(Ach)告诉我们,一个观察者从简单感觉反应的前期报告了一个认知(one knowing)和五分之三的察觉(three to five awarenesses)时,我们或许会对这一报告的完整性感到惊讶,甚至怀疑这种启发式询问的影响,但我们并不会因为宣称"一个认知绝不会在意识中得到"而遇到这种情境。因此我们对于阿赫

· ① 斯托克斯(G. G. Stokes),在《英国科学进步协会第三十九届会议的报告》(*Report of the 39th Meeting of the Brit. Assn. for the Advancement of Science*,1870年,*cv.*);泰特(P. G. Tait),《有关物理科学某些新进展的演讲》(*Lectures on some Recent Advances in Physical Science*,1885年,26页);汤姆森(J. A. Thomson),《科学导论》(*Introduction to Science*. 1911年,105页)。

的那些说法坦率地提出自己的心理学定义。① 对意向论作出完整、肯定答复的是现存的体系,在冯特、屈尔佩和艾滨浩斯的著作中提出(我们现在的认识还不可能做到完整而又纯粹的表白)的这个体系带有偏颇和混乱。② 如果我们把心理学寄托在科学的定义上,就象"科学"这个词汇是根据整个思想史来理解的;如果我们能够采用某些方法并取得成果,这些方法和成果不是孤立分开的,相反,是与物理学和生物学的方法和结果属于同种类型;那么,由于惊人的差异,意动体系将以传统的身份出现在应用逻辑中,以比标明它们的作者的个性。由于这个原因,它们将不会衰弱和消亡,因为"运用中的心灵"(mind in use)总有它的吸引力,但它们不再冒险把自己标榜为科学。③

---

① 阿赫(N. Ach),《意志和思想》(Ueber die Willenstätigkeit und das Denken,1905年,40页)马尔比(K. Marbe),《判断的实验心理学研究,一个逻辑的引论》(Experimentell-Psychologische Untersuchungen über das Urteil,eine Einleitung in die Logik,1901年,92页);参看缪勒,《记忆与想象活动的分析》(Zur Analyse der Gedächtnistätigkeit und des Vorstellungsverlaufes,1913年,第3卷,542页);梅塞尔,《思想之实验心理学研究》(Experimentell-Psychologische Untersuchungenk über das Denken),《心理学文献》,1906年,第8卷,207页。不用说,在对赖德的心理学作出批评之后,我同意马尔比的观点;我在此关心的是形式上的争论。

② 当然,我正考虑早期的屈尔佩["自我和外界"(Das Ich und die Aussenwelt),《哲学研究》,1892年,第7卷,405页;《心理学大纲》(Grundriss der Psychol.,1893年,27页)],以及其著作由迪尔编辑之前的艾滨浩斯。

③ 在《思想—历程》(60页)中,我寻求"从心理学的观点"把布伦塔诺的意动当作心理学题材固有的时间因素。随即一位友好的评论家评论道:"人们会惊讶地发现铁钦纳……或许曾认为应该展示和讨论这些理论,而这些理论的心理学价值是值得怀疑的,其中更多的是关于口头上的、意念上的、微妙反应的分析,是有点学究味的区别分析。"[李播(T. Ribot),《哲学评论》,1910年,第49卷,650页]。我抱着孤注一掷的态度尝试把意向论和存在主义相关联起来,超越单纯的称呼。如果这两个学派是真正意义上的心理学学派,那么——我想——他们实际上都关心同样的问题。我知道人们常常无知而又愚蠢地应用"学究的"和"感觉论者"这类表示性质的形容词。冯特在同一年,即1910年发表的有关"心理至上论和逻辑至上论"(Psychologismus und Logizismus)[《论文集》(Kleine Schriften),第1卷,511页以下],充分证明李播的研究是正确的。

§19. 经验体系

否定的批评总是比积极的建构需要多费口舌。不过,前面几段的要点可以压缩成简短的一句话,即"意识"现象构成一类特殊的经验客体,与未意识的现象有显著的差异,心理科学必须处理这一特定类别的客体,最终的体系既是机能的又是意向的。我们已经发现这两种情况都是经验的,也就是技术性的。它们始于"运用中的心灵",也终于此。它们代表我们所称的心理生活艺术,与心理生活的科学区分开来——一般的"应用心理学"在逻辑上优先于教育、职业、法律、医药、工业等特殊的"应用心理学"。机能心理学完全是目的论的,通过生物学的类比,或者直接地,或者通过哲学理论的中介作用,为我们实际生活的正确行为规定了一般的准则。意向心理学比机能主义更为个体化,也更成熟些。我们或许可以说,它的中心任务是从逻辑上分析和阐述知觉和思想的作用,使中等文化程度的人们能理解这些术语,或者从哲学传统角度接受这些术语。它将这种逻辑分析的过程扩展到情绪和意志,以同样方式理解它们,最终寻找到显著的个别差异,将整个心理学建立在这种意向原则基础上。因此,它像常识一样,是一种应用逻辑,但又不像常识。它对逻辑更感兴趣,对应用结果却缺乏兴趣。因此它本质上附属于哲学,特别是附属于认识论或纯粹的逻辑。然而,由于它本身不是纯粹的逻辑,而是"心理现象"的逻辑说明,因而它与特殊的心理技术,特别是与教育也有密切的关系。①

---

① 由于技术利用优势吸收纯科学,我在此把技术描绘成 a potiori,严格说来,这样的特征描绘是不允许的。

那么我们看到这些"意识心理学"为了维持与上层的哲学和下层的日常实践的一种逻辑连贯性，把心理学与其他科学分割开来，重新定义"科学"以适合它们的状况。只要存在无意识的偏差，我们就可以理解哲学如何以喜爱的态度看待这样的体系，又如何以讨厌或淡漠的态度看待真正的科学心理学。我们也可以理解，流行旳哲学很多时候谈到心理学，却极少谈到物理学和化学。我们可以理解精神病学家和教育家渴望将心理学转变为实践学科，他们应该呼吁具有专业技术性的体系，迫切需要从现存科学缺少非个人事实的状况中转移。① 所有这些我们都能理解，理解消除了剧烈的争论。但在另一方面，我们看到物理学、化学以及后来的生物学，既没有在一旁留意哲学，也没有留意应用，而是走它们自己的理论道路。我们看到，它们取得的成果，哲学必须花很长时间来解释；我们看到，这些成果可以马上转化为技术上的应用。因此，所有这一切，都鼓励人们献身于严格的科学心理学。如果我们否定的批评有效，那么鼓励的感情变成一种迫切"要求的经验"。心理学尽量激发我们尝试在现有的基础上对它进行系统的阐述。

---

① 根据历史以及历史上这些技术专家接受的有限的教育，这种呼吁是易于明白的。然而值得注意的是，在科学和它们的特殊技术之间，没有物理学、化学或生物学的一般技术，工程学和医药学的特殊分支。当实验室远离日常生活时，它们的结果首先要付诸实践。值得记住的是，尽管从亚里士多德以来，所有的心理学体系都在走下坡路，但是由于实验心理学的出现，以及它获得的非个人的结果，才使心灵的特殊技术蓬勃发展起来。参看缪勒，《记忆与想象活动的分析》，1911年，第1卷，147页；闵斯特伯格，《心理学与健全的社会》（*Psychology and Social Sanity*，1914年，291页以下）。

§20. 三门科学

无须指出,接受这种挑战并不是要我们保证对心理学作出定义,或者描绘心理学题材的特征。我们开始进行这样的探索,并不能保证达到这个目标。我们可能着手进行我们面前的这个任务,当我们继续进行时,就留下了这个成形的题材:有一个心理学观点的工作定义(working definition)就完全足够了。此外,因为我们相信不同科学的题材实际上随着科学的进步而形成,当一门科学仍处在形成阶段时,通过假设提出的任何定义必然只是尝试性的,暂时的。另一方面,与调查的这种整体精神相反,如果我们不试着作出回答就让问题结束,那么就说明我们缺乏表达自信的勇气。谈到这里,我们要提醒读者,一个人可以拒绝争论,或者终止他的判断,但他不要对前面已经进行的肯定和否定的争论视而不见。

我们描绘和区别科学题材的术语显然有两类,即实质的和形式的。一个实质性的术语表达了在具有组成要素的一个独立存在的实体中,该题材所有项目的共同属性,我们或许可以用定性的方式来发表意见。一个形式上的术语却不告诉你任何属性或构成成分,它只是划定题材存在的逻辑范围。形式术语因此可能先于实质的术语。实际上,一门科学在尝试对其题材的本质特征进行描述之前,就必须达到相当高的发展水平。

现在我们着手解决物理学的问题,我们把物理学定义为客观存在的经验的科学,这种客观存在的经验在机能上或逻辑上是相互依赖的。物理学的题材实质上是能量的(energetic),形式上是普遍的(universal)，这样的说法并不过于大胆。前面一个形容词可能会得到普遍的赞成，"普遍的"意味着所形成的题材呈现于其中的现象方式本身，严格说来，是相互转换，相互还原的。但是，如果有任何顾忌，我们可能愿意以否定的方式提出这种形式的特征：物理题材的所有样本在一个现象方式中相互可以还原，或者说物理题材是非个体化的(non-individuate)，这样的说法足以表达我们的意图。因此，我们断定形容词"能量的"和"非个体化的"从实质上和形式上描述了物理科学题材的特性。

我们又把生物学定义为客观存在的经验的科学，这种经验在机能上或逻辑上依赖于一个物理的（那就是，如我们现在所说的，一种能量的和一种非个体化的）环境。无疑在形式方面，相应的题材是个体化的。生物学家一致声称要处理有机体，特别是处理有机体的现象特征。不过，当我们调查有关生物现象的本质属性时，会发现能量的概念存在于我们的研究领域。如果我们提出这些现象是非能量的，那么这种看法逆现行意见的潮流而上，会引起大家的抗议和反对。因此我们建议，对这种观点无论如何要进行认真考虑。当然，对它的接受将意味着我们最初有关物理学题材的阐述是可改变的，不仅那种题材是能量的，而且任何具有能量的事物也要落入物理学的领域。相应地，有机体的物理化学不是个体化的，它是具有普遍意义的纯物理和纯化学。但它能代表其他东西吗？在物理事实和规律的领域内，我们应用个体化这个概念有什么意义吗？① 再者，接受我们

---

① 我们当然可以设想出在一定范围内显示均衡过程的"体系"。不过，我们确实只有借助牵强附会的定义，才能称这种体系为个人化的。对于个人化的讨论，来自动物学的观点，见赫胥黎(J. S. Huxley)，《动物王国的个体》(The Individual in the Animal Kingdom，1912年)。

的观点意味着这个定义涉及的环境包括有机体自身,就此范围而言,有机体的现象不是个体化的而是能量的,从物理学的角度是可见的。但是有任何为什么不应该的有力理由吗?最终接受将带来一定的优势。我们应该摆脱机械论(mechanism)和生机论(vital entelechies)之间的争吵,没有理由与那些投身于对动物进行独特的物理化学研究的生物学进行争吵。我们应该对他们说:你是真正的化学家和物理学家,关心着物理科学题材的特殊方式;你完全有权力无一例外地描述进入你的视力范围的每一件事。而我们只能坚持对其他现象进行描述,那就是个体化和非能量的现象,当我们认为经验从逻辑上说依赖于环境时,那些现象就显而易见了。断然否认特有的生物现象的存在,最终将导致争论,正如在心理学类似的情况中,极端的行为主义者断然否认心理现象导致争论一样。但否认和否定的证据完全是两码事——如果否定的证据最终能得到证实,那么只要生物学家彼此信任,肯定的倾向就能保持长久。总的说来,我们的观点或许比一开始少些幻想,多了些启发。① 这导致我们最终推出一个寓意深远的新术语,借此术语我们可以满意地从实质上描绘生物现象的特性——此术语是"行为"(behaviour)。我们假设,所有的生物现象都是"行为的",就像所有的物理事实都是能量的一样。这个术语与它有关,使它远离了观念的表达方式。然而它对生物学比较合适,使得已经心绪不宁的生物学摆脱了物

---

① 对我来说(虽然作者可能坚决抵制这种建议),根据这篇文章的提议。似乎可以轻而易举地用非能量的术语表示蔡尔德(C. M. Child)的观点。见"有机体的控制过程"(The Regulatory Processes in Organisms),《形态学杂志》(Journ of Morphal,1911年,第22卷,178页等)。

理和技术的类比,洗刷了自己目的论的嫌疑。①

　　最后,我们把心理学定义为客观存在的经验的科学,这种经验在逻辑上或机能上依赖于神经系统或它的生物对等物。生物学在此成了参照术语,这个事实很重要,因为它意味着我们不再以形式上对立的方式来描述题材的特性。生物学的定义通过一种特殊的依赖取代了物理现象的相互依赖,心理学的定义只不过带来进一步依赖的特性。因此,如果生物现象是个体化和非能量的,那么心理现象也是如此。从物理的能量现象和普遍现象来看,区别在于前者处于一个等级,后者处于两个等级。为了表达这种差异,我们必须改变我们的方向,从心理学的角度回顾生物学。那么我们就可以看到,生物学的题材无一例外都是个体化的,此时在这种个体化的正式范围内,心理学的题材是系统化的。一个与整个复杂的环境相关联,另一个与单一的有机体系统相关联。差异在于生物现象在时间上是连续的,而心理现象在时间上是断断续续的。心理的间歇性当然带来有关的生物现象短暂的消失,但这种系统的消失并不会打断"生命"的连续性。

　　如果我们进一步探讨心理现象的实质性特征,我们又要被能量概念的介入所迷惑。平行论(parallelism)和相互作用论(interactionism)的争论不会重复机械论和生机论的争论,但在目前的关系中,它有一种类似习惯的效应。我们充其量提出"副现象的"(epiphenomenal)这个形容词,然而这个形容词帮不了

---

① 我希望在"关于行为的"(behavioural)和"行为主义的"(behaviouristic)之间不会产生混淆,尽管我很高兴避免了那种可能性。所有"行为主义的"现象当然都是能量的——与这两个形容词相对应的是"心理的"(psychological)和"心理学的"(psychologistic)。

我们,一部分原因在于它是形式的而不是实质的,另一部分原因在于它提出的副现象是少于现象的某些东西。如果我们采取现在的用法,会发现德语 Erlebnis(经验)和英语是对等的 experience(经验)(用在特殊意义或狭义上)。但这些术语都不能帮助我们,它们过于含糊了,既适合平行论又适合相互作用论,既在机能和意向的内容中出现,又在客观存在的内容中出现。通盘考虑一下,或许是明智的想法,即推迟对心理学题材进行实质性的特征描述,直到将来累积起来的事实能用点明它们本质的形容词来表示。① 因为这些事实的根本属性尚处于争执中,延缓总的说来是无限期的。我们冒险进入一种朦胧状态,选择"感觉"这个术语作为"行为"的对立面。这个词以前一直在用,许多现代心理学家准备接受它——作为交换条件,他们要自己对它进行定义②。虽然我们目前缺乏确切的定义,只是注意到题材的同质性建议符合"系统"这种建议。

总之,我们得到了以下的特性:

题材	实质	形式
物理学的	普遍的	能量的
生物学的	个体化的	行为的
心理学的	全身的	感觉的

---

① 亚历山大用"欢乐"(enjoyment)和"沉思"(contemplation)来说明要找到非许诺(non-committal)的术语的困难(《英国心理学杂志》,1911年,第4卷,241页)。这些特别的词汇对我们没有用,部分是因为"欢乐"解释心理意动,部分是因为这种区别暗指我们在基本的科学方法中无法承认的歧异。

② 见瓦特(H. J. Watt)的文章,"心理学",《宗教伦理学百科全书》(Encycl. Rel. Eth.,426页)。一位"温和的行为主义者"把感觉现象看做行为的一部分,或许看做一定的行为方式的影响因素;在我们的表格中,把它按照逻辑顺序排在行为后面,把它看做一种独立的分类。

我们反复强调读者可以接受、拒绝或忽视它们，不要对前面各段中的争论抱有成见。但如果他接受它们，至少是作为进一步讨论的基础来接受，那样，我们就可以继续表明，他们对生物学和心理学的技术有非常明确的概念。

一门技术总是涉及做某些事，获得某些实践的结果。但"做"任何事情都包含着对能量的需求。因此生物技术专家（比如医生）总要用与生物现象直接相关的那些环境能量进行工作，心理技术专家（比如教育家、精神病学家）必须用最有可能得到的能量进行工作，那就是借助生物学的方法，用心理现象与之间接相关的同栏的环境能量进行工作。实际上，对能量的立足点或杠杆作用的需要有两个自然的结果：一方面，它促使技术专家用能量的特征来理解他的直接题材；另一方面，促使他接受那种假设的观点，即把能量的题材归因于他固守的纯科学。所以，一方面我们有一种行为的倾向，如果行为不显露出来，似乎生命和心理的"原因"产生了生命和心理的"结果"；另一方面，这个假设的医生有一种接受机械论或能量生机论的倾向，假设的教育家或精神病学家有一种接受相互作用论或行为主义的倾向。对"原因"和"结果"的实际态度在实践中得到公正判断。只要我们对物理化学尚无更完满的认识，我们就必须通过生命的或心理的"特征"来对待有机体。虽然错误是难免的，但是通过心理学与物理、生物的相互关系，将保证我们获得越来越多成功的经验。相反，这个假设的态度很可能存在不少的过错。比如，当今的精神病学家极少对平行论进行强烈谴责——而它们可能经常被心理学家挂在嘴边——只是进行认真思考中的情绪积累；他们更常表现出一种不经思考的职业性反应，对这样一种从心理

领域转移"做"的所有痕迹或可能性的观点缺乏耐心(那些人想让心灵"做"某些事情)。而事实上,在平行论的心理学和能量的精神病学之间并非没有一致性,不存在没有能量的精神病学。

然而,技术专家对他必要的地位进行了充满信心的概括,认为自己将心理学从理论的云雾中拉出来,使它与人类生活的实际联系在一起。我们可能重复说这是一个真正的收获,我们理解这种信念,并正确地看待它,把握它的动机。不过,我们已通过题材的形式上区别得知——同样的结果来自我们先前的讨论——远离科学的技术优势其目标在于毁灭。因为只有当我们对生物学和心理学现象有了非常详细的认识时,我们才能够理智地寻找关系,寻找这些现象彼此之间的关系,以及生物学和物理学的关系;只有当我们对这些关系有了详细的认识时,我们才能够控制最后求助的对象,物理化学的有关能量。只有那样,我们才能在生物学和心理学领域,使我们的技术发挥最大限度的效用。这是合乎逻辑的,历史积累下来的证据确实证明了这种推理。

§21. 结束语

我们现在要结束这长长的一章。作为结束语,我们希望读者通过系统心理学的实践结果,不要对前面的讨论抱太多的期望。我们证明了所有科学都有同样基本的题材,它们明确地从不同的角度对这些题材进行研究,题材的发展之所以发生分歧,仅仅是因为这些不同的观点符合对客观存在的经验的不同看法。我们已经证实了心理学作为科学是与已知的科学并肩而立的,并通过证据证明这种冒险活动是正当的。根据我们的观点，建立在非科学基础上的心理学是矛盾的、不稳定的。但我们没有办法进入任何心理事实的私人领地，没有简易的办法用于增添观察结果；我们能做的一切在于获取可靠的事实，在我们的科学背景中展示它们。我们无法回避这些长期以来心理学中存在的问题，虽然我们并不相信科学心理学从没提到过它们，或用其他术语对它们进行过系统阐述。我们能做的一切在于分析这些问题，可能的话，显示它们中的哪一部分或哪一方面可以接受我们的科学方法。我们在逻辑的发源地中阐述科学的事实和一致性，物理学或生物学也不过如此。我们能做的一切便是使逻辑与事实、一致性分开；这样，一方面事实不会被逻辑染上色彩，另一方面事实的完美的色彩出现在我们合乎逻辑的结论中。

那么，这里不存在变革。如果哪个形容词能用于科学的上下文关系中，那么它就能描述一个极为不同的工作特征。我们并不着眼于记住有关心理学资料的新形式，或者着眼于以一种新颖的角度安排它们；我们只是希望始终如一地把它们编织进某种程度上已经设计好的形式中，始终如一地把它们带入某种程度上已经拟好的角度。我们的整个工作蕴含在心理学和科学的历史发展中，每走一步都要依靠前人已经做过的工作。如果我们声称自己比其他科学心理学的带头人具有更高明的眼光，那么我们就是在宣布自己没有权利和义务达到以后要达到的科学境界。即使如此，我们紧紧追随着先驱者，出现在后来者眼前的是心理学的笔直大道，平坦而又一览无遗，一代又一代的学者将前仆后继。